庆祝改革开放40周年
天津作家西青采风文集

天津市作家协会
中共天津市西青区委宣传部　编

天津大学出版社
TIANJIN UNIVERSITY PRESS

图书在版编目（CIP）数据

庆祝改革开放40周年天津作家西青采风文集 / 天津市作家协会，中共天津市西青区委宣传部编. —天津：天津大学出版社，2018.11
ISBN 978-7-5618-6291-9

Ⅰ.①庆… Ⅱ.①天… ②中… Ⅲ.①改革开放—成就—西青区—文集 Ⅳ.①D619.213-53

中国版本图书馆CIP数据核字（2018）第253262号

出版发行 天津大学出版社

地　　址 天津市卫津路92号天津大学内（邮编：300072）
电　　话 发行部：022-27403647
网　　址 publish.tju.edu.cn
印　　刷 廊坊市海涛印刷有限公司
经　　销 全国各地新华书店
开　　本 148 mm × 210 mm
印　　张 9.25
字　　数 277千
版　　次 2018年11月第1版
印　　次 2018年11月第1次
定　　价 45.00元

序

2018年金秋，天津市作家协会、中共西青区委宣传部与天津大学出版社联合举办了“天津市作家协会第十一期作家读书班暨‘我看西青改革开放40年’文学采风活动”。20名天津市作家、10名西青区作家与3名宁夏作家兴致勃勃地参加了这次活动。几天里，作家们听取了西青区的发展报告，观看了有关的影视、文字资料，参观了西青开发区及杨柳青、西营门、李七庄、张家窝与精武等街镇，不少作家还根据创作需求对一些村镇进行了更为深入的采访。

40年间，西青区高举改革开放的旗帜，奋勇当先，在政治、经济、文化、社会、生态等方面均取得了令人瞩目的成就，特别是在党的十九大以来，他们认真贯彻落实党中央的决策部署，深入学习贯彻党的十九大精神，牢固树立与自觉践行新的发展理念，坚持稳中求进的工作总基调，坚持以供给侧结构性改革为主线，坚持以人民为中心的发展思想，推动全区经济社会保持了良好的发展态势。

作家们在参观、采访中，感受颇深的是西青区在实施乡村振兴战略中取得的显著成绩。他们全面改善农村面貌，做足“城乡大美”文章；破除体制机制障碍，做足农村改革文章；加快推进产业融合，做足转型创新文章。许多高标准建设的美丽村庄，绿树簇拥，碧水环绕，民俗深厚，特色鲜明，让人心驰神往，流连忘返。

增强文化自信，建设文化强区，西青区在文化发展中硕果累累，给人们留下了深刻印象。作家无不为所到之处浓浓的文化气氛吸引、感染与陶醉。“文润西青”是西青区一个金光闪耀的品牌。他们深度挖掘运河文化、年画文化、精武文化等特色文化资源，做了大量的工作，打造出一张张靓丽的文化“名片”，使“杨柳青”“赶大营”“霍元甲”成为通行全国乃至传播世界的文化符号。西青大地举办的各种文化活动红红火火，培养、造就了大批的民间艺术家，包括这次参加采风活动的西青作家，他们创作的各具地方文化特色的作品，受到众多读者的青睐。

序

作为本市文化大区的西青区，与天津市作家协会联系亲密，这已成为传统。天津市许多作家将西青区当作深入生活的基地，他们的心与这片热土紧紧相连，这里有他们的深交，有他们的发现，有他们的追求，这里为他们提供了丰富的创作素材与精神食粮，这是一种永不割舍的乡土之情、血脉之情，被一代又一代作家所传承。这次采风，诸多老、中、青作家欢聚西青，喜气洋洋，以他们的新视角、新笔触，展示他们新的感悟、新的解读。将这些情深意切的文字集成一册，作为作家们献给西青区改革开放40年的礼物，并留作一次意义深刻的纪念。

谭成健

2018年10月

目 录

目 录

王道生：《天津日报》高级记者，“报告文学”专版原主编，1990 年加入中国作家协会。主要作品：长篇小说《园丁》（中国青年出版社），《魂曲》（人民文学出版社），报告文学集《五彩世界》《爱河长流》《人间正道》《播种希望》《夕阳如血》（分别由百花文艺出版社、天津人民出版社、吉林人民出版社出版）。主创大型系列电视报告文学《人间正道》26 集（天津电视台首播），出版《王道生文集》七卷（作家出版社）。获奖情况：1994 年被评为天津市十佳编辑、1997 年被评为全国百佳新闻工作者、2004 年获中华之魂全国百名优秀人物称号。

西青治水

王道生

污水从哪里来？

古有大禹治水，今说西青治水。大禹治的是洪水，西青治的是污水。洪水从哪里来？洪涝之水天上来，暴雨连天，倾泻大地，山洪暴发，江河决堤，淹没禾田，荡尽房舍，人类怎生存？

如今污水从哪里来？从人间致富路上来，污水皆为人制造，黄水横流，河道生蛆，油黑淤泥，臭气熏天，人类怎生活？

20世纪80年代，平地一声雷震撼中国大地。小平同志发声："贫穷不是社会主义""让一部分人先富起来"。上层人士不乏近水楼台先得月者，捷足先登，抢先占领致富高地。而广大底层群众还在犹豫观望。毕竟"千万不要忘记阶级斗争，防止资本主义复辟"的传统观念还在惯性中。

“发展是硬道理”是各级干部时刻要牢记的“最高指示”，GDP（国内生产总值）成为考核干部的最重要依据。怎么才能挣到钱？怎样才能发展呢？当时有“无工不富，无商不活”的经验，要想富就得办工业。大邱庄就是办钢厂富起来的。榜样的力量是无穷的。谁不需要钱啊？谁不想富啊？农民一旦冲决了“斗私批修”观念，就会向发财致富的路上迅跑。一时间，八仙过海，各显神通。办企业的浪潮在村村镇镇风起，什么规划，什么环保，什么有序，根本提不上日程。先是互助、合作、集体办，而后是改制、分离、私人干。单是西青区王稳庄镇东兰坨一个村就先后办起了500家企业。王稳庄镇成为小五金基地，它的销售份额占全国40%以上。毫无疑问，村里的经济是发展起来了，但生态环境也恶化了。这个行业污染环境，五金产品需要镀锌，需要用酸，用水，热处理，产生大量工业污水。光是村党支部书记吴树祥一家就从5台机器增加到了100多台机器，全村500来家大大小小的工厂就有成千上万台机器，每天都在产生工业污水。看吧，人被发财致富的强烈欲望驱使着，停不下来。村庄被灰蒙蒙的酸雾笼罩着，看不清前方的路，车一进村就被扎胎，一辆巡查车，一周下来，四个轮胎上拔下20多个钉子……

拔“钉子”

吴树祥是东兰坨村的党支部书记，也是村里有影响力的企业主。高高的个头儿，棕红的脸膛，谈吐爽快，显露着他的精明和干练。他说：“从我个人说起吧。了解了我的情况，就能了解村里的情况。”

农民要致富光靠种地不行，“无工不富，无商不活”，改革开放一开始他就干起了摩托车销售。1996 年，有一次他到安徽找一个客户去办业务，正赶上这家在内装修，一看他们使用的各种螺丝钉的包装袋，嚯！都是他们王稳庄镇的津华标准件厂生产的。一问价格，1000 颗一小袋 100 多元，合一角钱一颗，回来以后向在津华标准件厂工作的同学了解一下，一颗钉的成本仅 4 分钱。利润率比百分之百还多。几个同学一商量，这个活儿可以干。当时的原材料是 3600 元一吨，工人的工资也不高，他们核算了一下，所有的生产环节下来，送到客户手里，一吨产品成本是 7000 元，而纯利可达万元。

吴树祥感兴趣了，由他牵头联合四家合股投资 25 万元买了五台冷凝机就干起来了，当年销售额 100 多万元，利润 67 万元。眼看这是暴利呀，又有六七家筹集了一部分资金也建厂干了起来。吴树祥记忆犹新：滚动式发展，挣了点钱就买设备，扩大再生产，到 2007 年，经济发展形势迅猛，每年销售 6000 吨左右。这样，干这行的群体就越来越多了。2008 年出现金融危机，销售额也没降下来，2009 年回升较快，到 2012 年年底，这 4 年每年销售 8000 吨，销售额 8000 万元左右，利润在 1000 万元左右，达到了最辉煌的时期。村里的企业竟增加到 500 家。东兰坨村早晨起来，光是上班的民工就把街道都挤满了，一个卖早点的摊儿就能把街道堵死。外地人在东兰坨村卖馒头一年都有 20 万元收入。工业的发展拉动了方方面面，上游原材料供应，下游产品销售，就业、饭店、旅馆、交通，购买力，都被拉动了，给东兰坨村带来了空前的繁荣和辉煌。

最初的改革叫“摸着石头过河”。当吴树祥和村民们正在为摸着了大鱼而欢欣鼓舞的时候，他们已经摸到了深水区。现在，“顶层设计”已经意识到不能再这样继续摸下去了，发展经济不能以牺牲环境为代价。东兰坨村的“钉子”一哄而起，如雨后野草般生长，现在要拔这些“钉子”，然而，难啊！

上级从 2013 年开始部署环境治理，一开始要求企业提升改造。王稳庄镇报了 65 家，报到区整改办，再报市整改办，经过六个部门验收合格的可以复产。为了生存，吴树祥投了 100 多万元对企业的车间、道路、厂区进行整修，各个方面都焕然一新。他想做个样子出来，如果他这个标准可以达标，以点带面，大伙儿可以效仿。但是计划赶不上变化。上级相关部门到天津督察，提出工业围城问题，村村有园区，镇镇有园区，区县都有园区，市区被林立的工厂围住了，对天津市环境造成了严重污染。督察要求这些企业能进园区的进园区，能合并的合并，不符合规定的全都取缔或搬迁。政策又变了，报上去的65家只剩下了两家。吴树祥的企业因不具备两证一书（土地证和房产证，选址意见书）不准提升，都改成了搬迁。

这一下，区、镇干部又开始奔忙。王稳庄镇的书记住在单位，日夜坚守，白天巡查，夜间夜查，发现情况立马组织人员前去清理。领导们的确很辛苦，睡不了多少觉。上边压着你，不干不行。下面牵扯到实际利益，阻力很大。这些企业大部分都是每家每户自己在干，有的祖孙三代在干，弄个三五台机就干了。从20年前30年前这样一步一步起来的，一家的经济命脉都在这上面。还有两口子干的，丈夫管生产，媳妇带着管包装，雇两个人。夫妻俩既生产，又管理，还管销售，很辛苦呀！他们年初的时候就接了很多订单，其中甚至有国外订单，晚交货要交违约金，国内还好说，都在强调环保，都在治理，理解这些，国外人家不管你这些。违约金很厉害呀！你给它停了，他确实受不了。有的就偷着干。一天夜里，书记、镇长、主任出来巡查，从张家门口经过时听见里面机器声，叫开门进屋一看确实在干呢。

书记说："已经通知你们不能再生产了，你又偷着干，已经限期你搬迁了，你不走，你还偷着干，这就得采取措施了。”

他说：“我知道不该干，可我就还有一点料，把库存的东西打发完了，我就停，不干了。”

书记说：“你也清楚当前的形势，现在我们只好强制关闭你这厂，你不能再生产了。”

当夜组织人员拆他的设备。他媳妇哭啊，闹啊，一把鼻涕一把泪，说：“我们一家就指着这活着，都拆了，我们活不了了……”

你有你的难处，干部有干部的压力。他们要对上级负责。环保，不是请客吃饭，不是绘画绣花，不能那样从容不迫，那样温良恭俭让，环保是中央保护生存环境的战略部署。当初，鼓励大家办企业是为了发展经济，然而却付出了污染环境的代价。关闭你没商量，镇里连夜组织车辆，组织人力，把他的设备拆解拉走了，集中存放在一个地方，然后把他车间的电全部掐断，只留了一个照明灯。

这颗“钉子”就这样拔掉了，数百颗“钉子”也看出来这种企业在王稳庄做不下去了，关门的关门，从此不干了；出走的出走，另寻栖身之地，大环境就是这样，阻拦也阻拦不了。

环保卫士

黄江月是2008年转业到西青环保局监察队的军转干部，现在担任西青区环卫局污染防治科科长。从他身上看不出军人的强悍，倒有几分文雅之气。谈到环境治理情况，他娓娓道来，十分熟悉。他说，他天天同企业和环境打交道。刚来那阵，所到之处，见到的河道都是生了虫子的。西青区境内，有南运河、丰产河、东西排总河、程村排河、津港河，河道两岸，分布着大大小小的排水口，污水直接排进河道内，水面到处是油渍和污物，临近河道能够明显地闻到一股恶臭。靠近王稳庄那边，河里的水都是黄水，没有任何生命迹象。2009年卫津河边一个居民小区向有关部门投诉说有一个河道，河里臭水生了很多蛆，令人特别恶心，很多人围着监察队的人，不解决不让走。环卫局和镇政府联系，责成他们马上解决。这是发展经济所付出的代价。发展是硬道理，其他的都可以让路。放开了，胆子再大点，步子再快点儿！审批就不严了。村办企业、镇办企业，管你什么距离不距离，规划不规划，圈块地想建就建，这是经济发展的一个历程。好多厂都是政府搞“三产”搞的，20世纪八九十年代还是集体所有制的乡镇企业，再后来转制都转到个人手里了，更出现了“无政府状态”。到了城市建设阶段，它们显然碍事了，不处理它们怎么建设？当然，也不能上来就叫它们搬迁，必须制定一些地方法规慢慢缩小它们的生存空间，最后迫使它们关停迁转。

2008 年国家环保总局升格为环保部，环保的力度逐年在加大，对工业企业的要求越来越严。2010 年前后，西青区的排水大户基本上安装了水质在线观测仪，实行 24 小时监控。这个仪器一小时取一次样，直接出数据，然后传到局里来，这种监控覆盖五六十家。企业那里一有问题环保局这边都能看见，它能报警。但是有的企业计算它的治理成本，比如，电镀废水处理一吨费用在 25 元以上，这些行业用水量大，费用也就很大，有的一天需要上百吨。为了减轻治理费，就有偷排偷放的。它临时加一个泵从另外的渠道偷着排放，不经过检测仪就发现不了。黄江月在巡查时遇到过这种情况。

2012 年，有人举报辛口一个化工企业往改道河里排污水，河水特别脏，这个厂是做二萘酚的。黄江月带监察队前去查看，先到厂内部查，查两次都没找到问题，但老百姓一直在反映问题。问题在哪呢？有一天，监察人员事先不打招呼，在排污时间节点到它的外围查看，先看厂周围有没有坑坑、沟渠、河道，没有，只有一条和别家合用的排水沟。这水沟从河堤下面的涵洞穿过去进河道。黄江月他们在上面查了几次，什么也没发现。后来他们从那边河道下去进入河堤下面的涵洞查看，感觉水有异味了。细看，藏有一条暗管通到这涵洞，在外面什么也发现不了。污水监管网也建了，老的暗管还在。企业么，追求利润最大化。黄江月马上取水样，照相，把企业负责人叫过来。企业负责人说："哎哟！可能是污水管串过来了。"在事实面前只好认账。偷排，立案，处罚。也有来说情的，办一个企业肯定有人脉。黄江月说："处罚不是目的，是让它接受教训，是要解决问题。我们监管着企业，群众也在监管着我们。群众的眼睛是雪亮的。"最后作了处罚。现在每处罚一个案子都要求信息公开，一上官网一切透明了。企业也害怕这个，处罚与企业的信用挂钩，包括银行信贷、其他的资金补贴，都受到影响。不要以为罚一万元不在乎，罚一万元的后果可不只一万元。"老赖"们的名字一上网，坐飞机都坐不了。受过政府处罚的企业，人家能放心把订单给你吗？

水污染防治法以及天津市水污染防治条例出台后，处罚力度就更高了。你偷排，上来就十万元起罚。企业要算它的成本啊！十万元能处理多少水！现在企业最怕的是让它停产。一停产，那么多的工人，那么多的订单，怎么办？一般都要求罚点钱吧，别耽误生产。后来又跟上来一些相关法则，比如按日计罚，通知你超标了，责令你停产整治，过了五天再取水样，还超标，刚送达文书时处罚 5 万元，这 5 天按日计罚就是 25 万元。这样，你叫他继续干他也不干了，马上停下来治理，一直到达标排放。

在一线执法，有时也会遇到很尴尬的事情。咸阳路污水处理厂是2008年投入运行的，属市政配套工程，处理南开区、红桥区、高新区、西青区的污水，水厂周围都是芦苇荡，没有居民。后来搞房地产开发，填平了水洼，铲除了芦苇，建起了楼房，一片片连接起来了，变成了居民区。这家家都是污水源啊，可是这些家却投诉污水处理厂建在这儿污染环境，要求把它迁走。这个厂去年启动搬迁了。他们说，就是你们政府不讲理，还讲个先来后到不？是我们建厂在先，房地产开发在后，政府为什么要把它们规划到我们身边来？现在又逼我们迁走！环保局面对这些质问能说什么呢？

规划是规划，环保是环保。

他们在一线执法，有时也会遇到又哭又闹的情景。2013年大治理，区政府组织几十人的队伍开赴王稳庄镇，历时半年，黄江月也参与了。那里的企业都是家庭作坊式的，一开始几家凑个摊，办个厂子，由于技术工艺简单，好干，后来技术掌握了就分开自己单干，当时环保不严，制度不健全，遇到2012年、2013年新分出来单干的个体户，倾全家之力投入设备，成本还没收回来呢，就赶上了这个大治理。它们相应的配套和手续都不完善，首先是停产，把电力部门叫了去，停了它的电，它就干不了了。一家生活就指着这，今后怎么活？那一年在王稳庄关了160多家企业。黄江月说，老百姓多数都很淳朴很善良，他们不等不靠，依靠自己发家致富，但是赶上治理环境了，你合情不合法呀！最后还是要执法。

当时黄江月他们也是顾虑重重，担心关厂停产造成工人失业，引起社会不稳定，涉及工人几万人，这是保守的，实际可能还多，外地人背着铺盖走人，本地人怎么办？但上级的指令必须执行。到了这个时候才理解温家宝总理为什么要说为改革杀出一条血路。改革不是社会主义的自我完善吗？怎么还需要杀出一条血路呢？原来改革还需要牺牲一部分人的既得利益，改革也可能会流血或流泪。

再创辉煌

就像发展经济需要付出代价一样，付出代价也会收获辉煌。张家窝以化工起家，搬迁之后，它的房地产业蒸蒸日上，成功地实现了经济转型。西青区在强力治理污水之后，启动了“五路五河”建设改造工程，全面改造水体和河道，综合整治南运河、丰产河、东西排总河、程村排河、津港河，加强绿化、美化，达到以水为轴、以绿为体的综合景观效果。

现在一看见蓝天白云，微信朋友圈里都在晒，大家都在享受这种环境。2017 年的感受最明显，2016 年统计了一下，一年重污染天气 70 多天，还有一些风沙不好的天气，一共有 100 多天是不良的。2017 年重污染 41 天，比 2016 年减少了近 30 天。2018 年应该更好些。

拥有杨柳青年画、赶大营文化、霍元甲和韩慕侠尚武精神的西青区正在创建国家生态文明建设示范区，在这片 500 多平方公里的土地上，到处都是欣欣向荣的景象。但西青区不是孤立的，它东与红桥区、南开区毗邻，南靠独流减河与静海区隔河相望，西与武清区和河北省霸州市接壤，北依子牙河。这就需要联防联控，首先是天津地区联防联控，其次是京津冀联防联控。在这一广大地区西青率先在环境治理上作出了突出贡献，我们为她点赞！也期望祖国的江河大地都早日治理好，还给人民一个美丽的家园。

冯景元： 1941 年出生，诗人，作家。原天津文学杂志社副社长，《通俗小说报》主编，现为中国作家协会会员，一级作家，天津作家协会理事。16 岁开始发表作品，从事文学创作，至今已有半个多世纪，以诗歌、散文、剧本创作见长，20 世纪 70 年代的诗歌遍布全国，为臧克家称道，20 世纪 80 年代开始创作散文，是天津开专栏最早的作家。先后在《天津文学》《天津青年报》《天津日报》《今晚报》等报刊上用笔名和真名开过“六弦琴”“五色笔”“走廊人语”“甲子人语”等众多专栏。从事剧本创作多年，先后搬上舞台和银幕的有：话剧《黑砂》，电视连续剧《古牌楼下》《天津卫》《四号女监》，大型专题片《永恒的瞬间》《飞越津门》《魅力天津》《全景天津》。

四十年，杨柳盛地，崇文尚武，信立于西
——记改革开放四十年的西青

冯景元

1

日出东方，而着落于西。

东是升址，西是落地。

2017 年 8 月 27 日，中华人民共和国第十三届全运会在天津隆重开幕，国家主席习近平亲临，天津历时半年准备的开幕式表演，出现的第一个镜头，就是绚丽夺目的已经成为中国盛世名片的杨柳青木版年画，俗称“娃娃抱鱼”的《连年有余》。随后出现的霍元甲武术学校 9 岁学员潘天顺扮演的津娃和机器人 UU 的对话，以及用精武精神作文艺表演串联，拉开整个“全

运中国，逐梦远航”的精彩序幕。

这个在中国全运会举行、全部由西青引发的序幕展演结束后，我即接到同步观看电视转播，在香港生活半个世纪的老天津卫郑必老人打来的电话。他问我，全运会开幕式两个关键点：一个是霍元甲武术学校，一个是色彩绚烂的木版年画，出自故里的哪里？

我说：“都在天津西青。”

他问：“是过去的那个唱‘天津卫城西杨柳青，有个美女叫白俊英’的老西郊吗？”

我说：“是。”

他沉吟良久后，叹叹赞曰：“一个城区，文有木版画，武有霍元甲，且都代表了整个中国，真了不起！”

其实不止远在香港的老天津人。

西青政发〔2018〕一号文件发布的，区人民代表大会的代表举手通过的西青《2018 年政府工作报告》中就有记述：

> 杨柳青年画和精武文化在第十三届全运会开闭幕式上，大放异彩，向全国展示了西青独特的崇文尚武文化魅力。

西青文兴武胜，其盛久矣！

文事可上溯千年，最早就有“北宋画传杨柳青”之说。至明初，不仅画事“乡民刻印门神、灶王、钟馗、天师、月宫图，逢年节出售”，且有始建于万历四年的古建筑文昌阁耸立，每逢春秋丁祭之节，都开“吃字纸会，谈论诗文”。2010年出版的《杨柳青古诗萃》，收有距今700年的《杨柳青谣》，“杨柳青青河水黄，河流两岸苇篱长”。据说最早的一幅《连年有余》，娃娃站水里抱鱼并配有莲花的杨柳青画本图案，出现在乾隆年间。

武事虽晚，距今也胜百年。霍元甲出生于小南河武术世家，20多岁在天津怀庆药栈，就开始和孙中山的同盟会会友农劲荪结谊，1910年，民族羸弱的年代，他在上海一夫独立，创建“强国强种，重铸黄魂”的中华精武会，不仅得孙中山先生“允文允武，乃侠乃义，为君为圣”的文赞，且获先生至今煌光彻照的“尚武精神”题词。另一位从西青同代站起的北派武林大师韩慕侠，1877年出生于西青大寺青凝侯，是冯玉祥大刀队的开山师祖，学生时代的周恩来的习武恩师。他最为后人传说的是：天津沦陷期，宁可自断臂腕，也拒为日伪宪特当汉奸、做保镖的英雄气节。

这些过往的文事武德、文昌武运，其存再好，史不传衍，艺不承继，随着时代翻转，车轮轧碾，也会淡然。尘埋，是很可怕的。尘土虽微，其埋久深，多少英武都可循烟入土，包括岳飞都可被人遗忘。没有改革开放，没有一个大时代的到来，就没有机遇，没有复兴。

2

自幼丧父，原本是安徽宿州人，随母改嫁到西青小南河的晨曲，本名王洪海，住在霍元甲故居高台的附近。20 世纪 70 年代，听村人传说，为之感赞得写下了 1 万多字的《武术大师霍元甲》。这 1 万多字，作为文史资料在《天津文史资料》上刊出后，意想不到地被北京、上海等七家报刊转载，这激发了洪海的写作梦，他起步尝试编写《霍元甲》小说。那时他刚开始写作，孤军奋战，不顾白日黑天地拼命写作，从 1 万字，吃力地增加到 8 万字，无人问津，而后增到 19 万字，完成了一摞厚厚的底稿时，已不知所措。当时他和妻子在小南河大队，都是靠劳动挣工分的，每天点灯熬油，弄了一堆宝贝似的废纸堆在那儿，还不让动，其间因伏案艰辛写作，他还得了一场大病，妻子生气地说：“傻子，哪天烧饭没柴了，就放灶膛给你烧了。”

没想到的是，时光进入 20 世纪 80 年代，改革开放让香港的武打片《霍元甲》进来，一夜间在整个中国，万人空巷。精武会，迷踪拳，点燃了整个华夏的武术情怀。晨曲到现在记得那个让他，让他的妻子，让他的整个家庭有望得兴的日子：1984 年 4 月 13 日，江苏人民出版社从上海《新民晚报》过往摘转过的文史资料中，寻蔓摸瓜，摸到了西青小南河，当天就带走了那19万字的全部底稿，并签下出书合同。那是个书商初起，有了选题就能抢占市场飞快运作的年代。天津这边晨曲日夜伏案，续补整理，江苏那边出版社审校发排，写一章成活儿一章地流水作业，就这样，一个半月后，23万字的长篇小说《霍元甲》脱稿，再一个月新书上市，全国新华书店发行，成为当年最热门的畅销书之一。

这是一种唤醒，也是一种解放，它把海外闻名、小南河民间口头活存的英武侠魂，恢复到原神的本位，吸引了世界的目光。

1999年，有南拳王之誉的原国家武术队队长郎荣标和他的夫人侯冬媚，受精武感召，聚至墓地近边，建成霍元甲武术学校，面向全国招生，开始培养大批“品学兼优，文武兼备”的武术人才和尖子学生，

2009年，在西青区政府领导下，南河镇正式更名“精武镇”，“南河”成过去，“精武”成未来。作为历史，“南河”地名有着淳厚的乡郁；面向未来，精武，却是一种神武的风骨传承。

同年，“精武门·中华武林园”设计工程方案落定。霍元甲纪念馆奠基未久，我以诗人、作家身份，应西青政府和精武之约数到工地，并且在落成典礼之际，为霍元甲陵园的重建，撰写下百字的石刻碑文：

阴阳合浦，天地为碑，草木发华，日月并明。

传奇镇邑，好快盛举，土木怀阔，文武同恭。

元甲生身地，津西南河村，为纪念中国精武春秋千月，元甲盖世百年，集天下朝宗人愿，重修精武元祖陵。

2010 年 11 月 13 日，霍元甲逝世一百周年，首届世界精武大会在西青召开，世界 12 个国家 39 个精武体育会代表聚此，寻根问祖。

2011 年，纪念辛亥革命百年期间，我再受邀在《天津日报》，以“霍元甲 · 精武百年”为题，发表过一版文字，代西青述讲出：

辛亥百年，侠武之上。

霍元甲在天津，在南河，当是最以作神尊的，

他为我们这方水土带来的，

武为浩象，茵世津德，无上人旺，堪与天齐。

因了霍元甲，西青站上“中华武威”的高地，并有了韩慕侠，于台武术，十三街胜舞老会，邓店八极拳，群英武学社，柳口苏长来的不断发掘。

年已 60 岁开外，现已是中国作家协会会员的晨曲，从英雄霍元甲身上找到文根，之后仅成就的鸿篇巨制，就已有《霍元甲》《赶大营》《荡寇卫南洼》等七部。

3

始于明末清初的杨柳青木版年画，发展最盛期，是清中叶的康乾时代，其后因社会动荡，天灾、人祸，战乱频仍，火掠官禁，唯在“家家会点染”的民间沿袭和有识者的叠藏中不灭传沿。中华人民共和国成立后，杨柳青木版年画受到周恩来等国家领导人和文化部门的高度重视，其保护纳入体制，但扯绊过多，“文化大革命”期间，作为“四旧”，藏于民间的珍稀画版，包括私人宝贝珍藏，被毁却无数。

此一期，用研究杨柳青年画专家王树村先生的话说：

> 数以千计的收藏，在英、法、俄、日本、德国、美国、奥地利和我国台湾的各大博物馆中，保存完好，同时，他们还不断来华继续收集。和我国相比，恰好相反，不但有许多人还不知道杨柳青年画艺术之可贵，甚至在杨柳青当地也少有知其历史发展之概况者。

杨柳青年画和产生它的杨柳青镇一起，真正有定语成为“魅力文化”和“传承不灭”的，是在2005年。

那一年的春节，过后未久，国家利用央视这个平台，倡扬并开展“中国魅力名镇”评选活动。这是央视首次对汉字“真金”组合的镇一级行政区域的关注，其响应之众，一两个月时间，就有逾千个镇邑报名。央视通过新闻预热筛选，最终公布有资格入围的候选镇，只留下分布全国23个省、自治区、直辖市的56个。天津有多少镇报名不知，留下的只一个，就是杨柳青。

那时的天津，刚刚参加完全国的一个市级评选活动无果，这件原本只是由镇一级领导自动参选的活动，一下引起从市到区两级的重视，市委书记将电话直拨到西青，西青区委专派一名副书记和宣传部部长，下到杨柳青镇组成参选班子。那年我60岁刚过，从《天津文学》退下，住到大寺，成为半个西青人未久，就被由区委副书记直请的前天津电视台总编审、拍摄相片的高手皇甫英杰搬出。核心要在一个月时间内，完成每个参评名镇“10分钟自我介绍”的撰稿事宜（央视规定：2分钟讲话，8分钟片子），给我的时间，只有一周。

那是我第一次到西青，我清楚记得，当时镇长姓王，镇书记叫孙继光。光听介绍，看材料，就花费了一天多时间，数字、人物、地理、环境、人文、历史，特别是经济发展，镇邑沿革变化，很多很多，眼睛看花，脑袋变大，关键是10分钟之内，突出什么，重点在哪里？讲古镇，有比你历史更远的；讲运河，有比你靠水更近的；讲经济，有比你发展更快的。央视在天津只留下杨柳青为什么？皇甫的一句话点醒了我。我推开桌上罗叠的所有材料，抽出一篇不经意看到的报载文章，就是前面引过的，王树村在改革开放后写的《国外杨柳青年画见闻》，把其中最让我惊住的段落，作为发言，在筹选班子会上细细地读念出：

1978年后国外来华学者不断访问杨柳青，在收到的一些国外出版的中国年画图册中，没有一本不收杨柳青年画的。

北京法文图书馆1935年出版的《中国戏谈》、1932年日本美术研究所编印的《中国古版画图录》、1961年德国德累斯顿出版的《中国版画》、1966年前苏联莫斯科出版的《中国民间画》、1973年联邦德国汉堡博物馆出版的《中国纸马、中国年画》、1978年巴黎吉美博物馆收集成卷的《亚洲艺术丛书》等，以上诸种中国年画图册，大部分都是杨柳青年画作坊清代印绘之品。

近年出版的《美国人收藏的中国民间艺术》和奥地利维也纳出版的《中国明清时代之版画》中，也都有杨柳青年画的精品。

我说，杨柳青镇有众多长处，唯杨柳青文化、杨柳青木版年画是它的最大长处。让这么多国家都收藏编印的，央视的评委们不会不看重。

于是，10分钟介绍，以片子为主，突出这一点，兼顾运河、古镇、大院、现代发展的撰稿立意，得到大家一致赞同。

但这毕竟是关系一个方域的大事，大家手里都捏着汗。那一晚他们没让我走，在大柳滩的杨柳青高尔夫球场内，一个最安静的小楼里空出了房间，让我住进。第二天早上，有人跑来径直说：改革开放后的中国，经济是第一位的，只讲文，只讲画，行不行，有多大把握？我说：经过一夜沉思，更加笃定了昨天的判断和想法，大了不敢讲，入围没问题。

这不是大话，而是在中国，没有其他镇比杨柳青镇更有特色，更具长处。

结果若料，不但入围，而且就是凭着年画的这一单项，地处天津西青的杨柳青镇，在至今唯一一次全国魅力名镇评选中，获“中国魅力文化传承名镇”的殊荣。

央视评委为此专门写下的评语是：

古老的大运河为这里带来深厚的积淀。运河水早无当年辉煌，但是这里仍然是文脉昌盛，一派斯文。

这里的年画天下闻名。几百年兴盛，几十年衰落，如今已经全面复兴。

文化是这里不灭的灵魂。

京师附近的平原小镇，中国文化传承名镇杨柳青。

这是一场全国各地民众都积极热情参与、投入进来的活动。那一晚，所有天津人聚在电视机前，都听到了，看到了。所有的报纸（包括海外），都做了报道。它让杨柳青年画，在艺术收藏之外，作了最大的传扬。

2011 年 5 月出版的《中共西青党史》下编，改革开放（1978 年 12 月至 2010 年 12 月）部分中，对此有专段记载和论述，其要言为：

中国魅力文化传承名镇这一荣誉称号，是一项无形资产，变成促进杨柳青快速发展的强大动力；同时成为西青区的一张名片，扩展了西青区对外交流的空间，促进了全区经济、社会的发展。

正是改革开放，让杨柳青年画和西青杨柳青镇恢复了元气。整个西青区以此为契机，开始实施文化品牌战略，启动杨柳青年画的保护及各种传统的民间艺术，包括风筝、剪纸、砖雕艺术，民间音乐、民间花会的复兴工程。

提出了杨柳青年画文化、精武文化、大院文化、赶大营文化，几种文化并重的文化兴旅、文化强区的发展战略。

与国内著名高校南开大学国际经济管理论坛合作，开设两年制年画大专班，让年画艺术后继有人。

与市文化局联合，连续举办了好几届“中国木版年画节”。

一首传唱数百年的“天津卫城西杨柳青，有一位美女白俊英”的《画扇面》民歌，开始步回现代，像江苏民歌《好一朵茉莉花》一样，传唱开来。

转年，杨柳青年画被国务院列入第一批国家级非物质文化遗产名录。与此同时，为扩大杨柳青年画在国内外的影响，由西青主导出面（以前大都是杨柳青画社），先后在中国现代文学馆，意大利、韩国以及中国的澳门，举办杨柳青木版年画展，开展一系列西青文化推介活动。

2007 年，历时三年，由西青区负责编纂、中华书局出版的巨制《中国木版年画集成·杨柳青卷》落稿。

2008 年至 2013 年，连续五年，西青组织记者专家走出西青，北上南下“寻根大运河”。

2010 年后开始，他们又八赴新疆，派出挖掘采访团，承继丝路津商的事业，寻访杨柳青赶大营后人，制作出总长约 300 小时的视频、几十万字的文字记录，并与天津电视台一起，飞赴俄罗斯拍访，让国内失佚的一百多年前杨柳青木版年画的珍品，回来探家。

4

一个复兴的文武盛世，就这样，高调在精武，在年画，非凡在土地，在民间铺展开来。整个西青，二百多平方公里的鱼图腾地方，福祉很多，运河、古镇、大院，寺庙，百年曹庄花乡，千年文昌古阁，现代崛起的庄园、植物园，无一不被定为国家级景区。

这个民风纯朴、书院塔阁坐落、插枝即成杨柳、伐木即成舟船、挑担即可步行远赴千里的地方，其独有的文化生成、独具的神武奇象，被多少代西青人融入骨子里，成为根脉，并醇化成民风习好，传衍至今。

改革开放四十年，历九届政府，始终用非凡的能力，组织这片土地上文昌武运的各种活动，让“文化和柴米油盐同为，成常态；精武和修德健身共合，悦民生”。其一年四季，逢年、节、假，民间的秧歌花会、“我的舞台我做主”的群众文化艺术活动、“运河记忆”的非遗宣传，《精武魂》《年画情思》的展演，“杨柳青民间文化”系列丛书的编撰，绵延不绝。

许多人都是少年时凭爱好走进圈里，中年后形成特长，养儿孙当爷奶还在台上。

各种常态的文化活动，与民生结合，一镇一特色，各臻其长。

辛口镇以辛口中心小学说唱团为依托，致力于曲艺的传承；杨柳青镇以石家大院的戏楼和广场、公园等为载体，关注戏曲艺术发掘；精武镇以武为中心，注重精武武术的传承与发展；李七庄街立足邓店和王兰庄人好书法的优势，倾力打造书画之乡；大寺镇以王村舞蹈队为龙头，形成各村街争亮舞蹈艺术范儿的格局；中北镇有人唱歌好，全力打造合唱之乡。

除此，有涵盖文学创作、书法绘画、音乐舞蹈、戏曲曲艺、综艺演出、技术保障等，计十余个门类的专业文化志愿者队伍12支，街镇核心文化志愿者队伍10支，村居基层志愿者队伍350支，活跃在全区10个镇街，160个村落。这些乐活民生，“打心眼儿里”尚武爱文的队伍，成为各种文化传衍的细胞，西青文化浓浓的氛围和厚厚的底蕴。

全区年年作为，吸引万众，影响一方，有组织有准备，最显区域文化升平景象，且一振社会民风的大型品牌活动，有两个：

一是暑期，每晚在明清一条街广场举办的“民众文艺大舞台”，以民众演出，八仙过海，各显才艺为主，并有专业性指导，有区领导直接参加，区电视台转播，连续20年，经久不衰。全区百姓，下到七八岁孩子，上至七八十的老人，无不参与、乐道。

一是每年春节过后，从正月十四开始，到正月十六，连续24年，举办“传统＋现代”元宵节灯展，成为天津万人空巷进杨柳青，习旧布新的重要喜庆纳福活动，也是央视每年春节，都向全国人民重点报道的年俗。

运河流水，杨柳尚风，文化让一个区域，到处充满活力。

这里是文化部所属的“外国武术学员来华培训基地”；中国民间文化对外交流的平台。每年都有不同肤色的学员穿梭，众多国际友人，像走亲戚一样来访。

区里的职能机构，始终把通过与市级相关的文化、外事部门以及非遗保护部门，包括文联、作协的合作，应邀参加国家、国际交流，作为上事和职守，借以不断将武术、杨柳青年画、剪纸、草编柳编等各种西青标志性的文化项目，向外推介和展示。

以新闻中心为主的西青现代电视文化，在寻根精武会、大运河，赶大营的同时，建立与俄罗斯国家电视台、俄罗斯研究中国年画专家的信息互通，西青电视、西青文化与海峡那边中国台湾 TVBS 电视台、《台湾导报》的交流。

在京津冀协同发展的大背景下，与北京通州、丰台、房山，河北沧州、廊坊、衡水等多地合作，共同举办有特色的书画、非遗、摄影展览、文艺演出、文化讲坛活动。

霍元甲文武学校艺术团，多次随国家领导人出访，先后到过 100 多个国家开展文化交流活动，在向世界展示西青文化上，取得巨大的成功。

5

中国上古文化的根，《周易·系辞》上述的“立天之道曰阴与阳；立地之道曰柔与刚；立人之道曰仁与义”，其本要的阴阳，柔刚，仁义（包括张弛、仰俯），物化象化了，就是文与武。因此自周伊始，包括秦汉隋唐以降，多少朝代的中国，俱没离开“文安邦，武定国”，“满朝文武分列两厢”的浩荡形象。

就改革开放四十年说，西青的文昌武运的内核，还包括还原化了的四十年经济发展的文武事，即始终一贯列前、上好、保持速度的工业和农业。

采访过 1982 年，在西青第一个搞个体承包的小孙庄村人孙少起，他对我说，西青不仅蔬菜品质好，有四郊闻名的沙窝萝卜、青心黄瓜、白根韭菜、紫根菠菜，从有“菜篮子工程”的那个年代，就是供应天津的蔬菜基地，而且到20世纪90年代，西青的渔业也占了天津市场的半边天，那时他们承包养殖鱼虾的影响扩大到东北。

有数字说：到21世纪初，西青蔬菜耕地面积达到6万余亩，占全区农作物播种面积的25%，成为西青农业产业化的当家产业，天津蔬菜的供应主力。

到过1992年就开始创立，在天津发端最早，位离城市中心最近，名唤“赛达”的天津西青开发区。2008年随天影厂为赛达拍纪录片时，曾为那一片儿时记忆中的荒草洼，变成如是规模的座座厂区、幢幢新厦，如是设施齐全、功能完备、环境优美的现代工业园所惊叹。那时的赛达就已经有来自28个国家和地区的950多家企业落户。

现在这片区域，已经正式获批升级为国家级的开发区，在其“5+2”构成的七个现代产业园区里，含为世界最大球面射电望远镜、贵州FAST设计制作液压制动装置的企业——优瑞纳斯；为长征五号系列运载火箭，打造国际一流电子信息技术的公司——经纬恒润科技。

是谓改革开放四十年，西青经济、社会，处处文武之道，张弛有方，成为自1948年有西青历史以来，发展最好最快的时期。

2017年为百花文艺出版社出版的《崇文尚武话西青》一书

为序时，我曾为西青引过一段很早读过的北京任洪渊《生命 / 文化》一文中的生动文字。

作为本文结语，现照引如下：

“在屈原抱起昆仑落日以后，你已经很难有自己的日出；在庄子飞起他的鲲鹏之后，你已经很难有自己的天空和飞升；在孔子的泰山下，你已经很难成为山；在李白的黄河苏轼的长江旁，你已经很难成为水；但是你必须有你自己的地平线，否则，别想走出自己的天地。”

我想告诉每个人：

历经改革开放四十年，这片杨柳盛地，崇文尚武，信立于西，走出了真正的自己。

2018 年 9 月

吕舒怀： 中国作家协会会员，天津市作家协会文学院作家，原《天津文学》副主编。曾出版长篇小说《碎片上的女人》《鸟市大街》等四部，长篇纪实文学《幻灭——晚清洋务运动兴衰记》以及小说集《纯真年代——吕舒怀作品集》等两部，在各地报刊发表中短篇小说百余篇，约300余万字，有的被改编为影视作品。

乡村向城市化的美丽嬗变

吕舒怀

当我们鸟瞰西青区这片土地时，视线将从哪里凝注从而开始搜寻？或者说我们首先会被哪个地方吸引？我们几乎情不自禁地把目光投向杨柳青广场那三座巨型雕塑：红色的主雕塑“百福门” 为高 16 米篆书“福”字，地面镶嵌 99 个“福”字；两侧为黄色的“文明之光”和蓝色的“发展无限”。

杨柳青镇是西青区政府所在地。2001 年秋建成的杨柳青广场位于杨柳青镇中心，占地面积 72000 平方米，由主广场、副广场两部分组成。主广场“一个心脏、两个肺叶”，由国旗、花坛叠水、雕塑喷泉构成广场心脏；欧式风格的疏林草地环抱东西两侧，尤似两块巨大的肺叶，五个设计各异的娱乐休闲园镶嵌其中。副广场由 64 根以罗马柱为主体的弧形建筑构成，整齐排列广场南端，主副广场浑然一体。那三座雕塑矗立广场中心，成为杨柳青的地标建筑，它仿佛是一种象征，象征西青人向往美好生活的愿望，踏入“百福门”走向幸福；它同样是一种标志，标志西青人期冀着“发展无限”的远大目标，大步跨出城镇开发建设的步伐。

西青人乘改革开放的东风，敢为人先，励志图新，边探索边谋划边实干。在西青这块土地上进行着一场深刻的“革命”，那就是城乡一体化建设。随之经济基础增强，西青区城市化建设大步流星。

为再现千年古镇杨柳青的历史风貌，在相继建成的杨柳青广场等景点基础上，又开发建设了明清街、杨柳青年画馆、御河楼商业街等民俗建筑。2002 年明清街开建， 2005 年两期工程竣工并对外开放：古色古香的仿明清建筑规模巨大、气势恢宏；廊柱、飞檐、翘角以及绚丽细腻的彩绘风格独具特色；街上建有牌楼、穿街戏楼，包括各式具有清代古风的店铺，尽显古镇古街的风采，让千年古镇杨柳青清代商贸街景盛况复现世人面前。2003 年“御河楼”商业街建设的正式启动给古镇又添新景，它由经营旅游、文化用品和民间艺术品的各式楼阁和店铺组成，集商贸与旅游于一体，展示出古运河边的风土人情。此外，杨柳青年画馆以及由年画园、风筝园、石刻园、精武园、乾隆御赐杨柳青园组成的御河景观陆陆续续建成。年画园内展示的是世界闻名的民间艺术瑰宝——杨柳青年画。

被誉为“津西第一家”“华北第一宅”的“尊美堂”（石

家大院），始建于1875年，占地6000多平方米，由大小四进院落组成，建造精美，保存完整。早在1987年6月，西青区人民政府将“尊美堂”宅第列为区级文物加以重点保护，拨资修复。前后历时6年，投资560万元人民币，终于完成修复工作。1992年，石家大院作为“杨柳青博物馆”对外开放，被确定为天津市级文物保护单位。随之与石家大院毗邻的安家大院等相继修复开发，继而形成了独树一帜的杨柳青大宅院建筑群，一系列举措堪称西青区城建的大手笔。

我们不由得再次驻足杨柳青广场三座雕塑前深思：从乡村向美丽的城镇嬗变的过程中，西青人以怎样的思想意识和气魄，跨入了“百福门”门槛，旨在推动社会“文明之光”的水平，向着“无限发展”的目标进军；继而经历了怎样的战略布局和奋力拼搏，将恢宏的蓝图在西青大地上复制为现实？

西青区“十五”规划中记载了这样一条，描绘得十分详尽：“要力争5年内，形成以杨柳青和大寺两个中心镇为龙头，张家窝、中北两个重点建制镇和王稳庄、南河、辛口三个一般镇为依托，辐射50个新农村试点村的现代化城镇建设新格局，全区农村城市化率超过60%……”如此一来，在成功改造建设杨柳青镇之后，陆续兴建大寺、张家窝和中北三个新城，以建设35个新农村试点为标志，全区城镇建设进入崭新阶段。

金秋八月，因参加“庆祝西青改革开放 40 年，天津作家看西青”文学采风活动，笔者走进张家窝镇进行采访。

作为全国首批发展改革试点小城镇，张家窝镇可以说是西青区城市化建设的成功典型和缩影。多年来，张家窝镇以示范小城镇建设为龙头，大力推进示范工业园区、农业产业园区、农民居住社区和南站科技商务区“四区”统筹联动发展，促进了城乡基本公共服务、农村居民收入和社会文明水平同步提升，实现了生产、生活、生态融合发展，打造出了绿树环绕、花草覆盖、干净整洁、管理有序的良好环境。让群众生活在园林之中，让小城镇成为发展的热土、共享的乐园。

张家窝镇面积 60 平方公里，辖 18 个村，14 个社区，曾经借势改革开放，使农民逐步走上富裕之路。富裕的农民开始对衣食住行以及生活品位产生更高层次的追求，对幸福感的渴望越来越强烈。张家窝镇历届领导班子了解人民群众的愿望，既然经济搞上去了，实力夯实了，遂立志带领全镇农民创造美好的生活。1995 年，他们先于全国提出了“三集中”发展思路，这在当时情况下是具有超前意识的。所谓“三集中”即：土地向种田能手集中，工业向园区集中，人口向镇区集中。其实就是将分开的五指握成拳头，集中优势，集中规划，集中发展。思路创新，敢为人先，必定预示着事业的成功，从而开启了张家窝镇城市化建设的前奏。

简而言之，张家窝镇二十多年的城市化进程可分为三个阶段。

第一阶段为探索阶段：1995—2006年，张家窝镇开始为村民兴建住宅，由镇统一投资规划、主导建设。过去村民分散在各个村落，自建房规整不一，如今一批批新房兴建，接着一批批销售式分配，农民纷纷搬进了新楼房。12年间共完成农民住宅与工业厂房约100万平方米，幢幢新建楼房拔地而起，不少农民上了楼，住进有水、有电、有暖气的新住宅。

在从乡村走向城市化的过程中，张家窝镇又下了先手好棋，为了避免落入谋篇布局的先天不足和边建边规划的窠臼，他们引入国外先进科学的规划理念，于建设前期进行全盘规划编制。2005年，张家窝镇请美国SOM公司和天津规划院联合编制了总体规划，确定了全镇城市化发展蓝图。依照长远规划建设，不仅发展有了方向，有了目标，而且保障了总体格局不走板、不变样。这在当时的天津各郊县，属于建设规划早、做得突出的先行者。

第二阶段以示范镇建设和三区联动为主要特征，城市化建设进入快车道（2007—2013年）。作为全国首批发展改革试点小城镇，2007年天津市政府批准张家窝镇为宅基地换房的试点。借助这一政策的有力支持，他们马不停蹄，迅速行动，先后投资共计87.3亿元，大刀阔斧地拆迁旧平房，筹建还迁房，为农民建设美好家园。于是，张家窝镇稳健地走了三步：

一是统一规划，统一建设，统一标准：2009 年他们又请北京清华城市规划设计研究院编制出镇区控制性详细规划，落实了具体规划控制指标；其次引进新加坡城市设计和管理理念，按每 5000 户设一个社区中心，每 1000 户设置一个邻里中心的先进理念，规划好各项公共服务设计，使城市化建设突出人性化。

二是彻底拆迁旧平房：将全镇所属 16 个村（不包括杨武庄村和华庄子村）的老旧平房全部拆迁，涉及农户 3.2 万人。

三是对全镇土地进行大规模流转，以拆迁、建房和还迁三头并进的方式进行，成效显著。从 2007 年伊始到 2013 年最后一批还迁房竣工，历经七年时间，建成农民还迁房、商品房、工业建筑 300 多万平方米，全镇 16 个村（不包括杨武庄村和华庄子村）、1.3 万被拆迁的农户都得到妥善安置，全部住进装修精美的新房。

在大规模土地流转过程中，镇里本着群众利益为先为重的精神，具体到宅基地换房工作上，他们坚持给予农民最优厚的还迁待遇：按照“每间平房分 30 平方米，每口人再分 30 平方米”的政策，每户农民家庭最少可以分到两套 90 多平方米的精装修两居室。可以设想一下，每户用一套自住，另一套出租获取租金收入，再加上薪金、股金、养老金，一举成为富足的“四金”农民。土地流转及宅基地换房的施行，不仅结束了这片土地上农民几百年的生产生活方式，使城镇面貌大为改观，同时整合了全镇大量土地资源，积累了丰富的人工技术、资金资源，为以后实现更高水平、更大规模的城市化奠定坚实的基础。

第三阶段为进入城市化水平全面提升的新阶段，自 2014 年开始预计至 2024 年结束。2014 年天津市政府批准了南站科技商务区城市设计，南站的开发建设交给张家窝镇主要实施。以此为起点，到南站科技商务区建成将历时十年。可想而知，这十年将成为张家窝镇高速发展的十年，未来可期可待。

回过头来，我们追溯张家窝镇在乡村奔向城市化进程里，有哪些可圈可点的经验?

首先是以先进、科学的规划为先行，绘就总体建设蓝图，从而形成了布局合理、功能明确、交通发达、设施完善、环境优美的城市发展格局，具备了城市化工作起点高、基础夯实的条件。

全镇农户走出平房，搬进新居，“上了楼”之后，张家窝镇依照总体规划蓝图，进一步装扮更加美丽的城市家园。他们注重公共配套，完善城市功能：新建全功能市政道路 30 多条，通车里程达 80 公里，形成四通八达的路网格局。开通全市第一条镇区公交小环线，新增三条往返中心城区的公交线路。为了服务群众，方便群众，几年里建成一所敬老院，先后建成了两所小学、四所幼儿园、11 个社区综合服务中心，建设了社区卫生服务中心、综合服务中心、物美天桥、少年宫、公共自行车租赁等惠民工程，小城镇建设着实改善了人居环境，让张家窝老百姓的生活发生了翻天覆地的变化。

他们注重环境建设，大力实施“四清一绿”的环保目标。镇域内曾经存在的危化企业全部实现了转型。同时投入资金 4.6 个亿，建成滨河休闲公园、环镇林网和减河绿带，完成生态绿化面积 1.16 万亩，镇区景观绿化面积 2023 亩，种植各种乔木、灌木 260 万株，全镇林木覆盖率高达 41%。张家窝镇生态环境获得极大改善，因此相继被评为“全国环境优美乡镇” “全国卫生镇等荣誉”。16 个村全部达到市级卫生标准。

他们注重社会管理，先后投资 4000 万元，安装监控探头 2000 余个，构成了治安监控中心。引入专业扫保公司，对镇区所有道路进行机扫作业，实现了镇域内生活垃圾全覆盖清理，全部密封式运输，无公害处理达到 100%。积极创新社会治理新模式，大力推行社区网络化管理，以 500 户为标准单位，将农民还迁区划分为 49 个网格。同时，成立和谐社区议事会，引进 5 家物业管理公司，全面实现了居委会和物业公司协调管理，切实为农民提供更加全面、更加便捷的服务。

他们注重产业发展，为城市化提供有力支撑。张家窝镇按照“做优一产、做强二产、做大三产”的发展思路，不间断地进行产业调整，促进三次产业均衡发展。规划建设了1万亩农业产业园，累计投资8亿元，完成建设任务5000亩，形成农业设施面积90万平方米，建成了花卉、食用菌、有机果蔬、名特枣、园林园艺五个特色基地，引进7家国内农业龙头企业，实施了11个国家级、市级农业综合开发及产业化项目。园区被评为天津市现代农业示范园区，还荣获了"天津市乡村旅游特色点""全国休闲旅游示范点"和"天津市3A旅游景区"等称号。

示范工业园区全部实现了"九通一平"，引进了福耀汽车玻璃、天安数码城、深福保创产业园、东泰精密模具等高新技术项目74个，总投资139亿元，达产后预计实现年销售收入660亿元，税收40亿元；科技型企业群体迅速壮大，全镇科技型中小企业累计达到631家，科技"小巨人"41家，64家企业完成转型升级，5家企业获得"专精特新"产品认定。

几年里，张家窝镇连续建成社会山温泉文化创意区、瑞欣商业广场、潮向城、物美超市、薛庄子商业街等商业项目。因有梧桐树，招得凤凰来。良好的人文、生态环境先后吸引了万科、保利、一航局等十多家开发商开发建设。原本3.2万人的村镇，如今已经拥有常住人口13万人。随着南站科技商务区的开发带动，未来，这里将成为拥有20多万人的小城镇，相当于一座中等城市。

我们看到在还迁房群落的道口立着的巨石上，镂刻五个红字“美丽张家窝”。是啊，张家窝镇实现了由乡村向城市化的华丽转身。丽日蓝天下，高楼鳞次栉比，街道宽敞整洁，绿树排排成荫，百花争相开放……呈现出一派美丽文明的花园小城景象。

张家窝镇并没有就此停步，第三阶段的城市化开发建设前景更为广阔辉煌。

这个阶段以天津南站科技商务区开发为主要特征，南站科技商务区域总规划面积 10 平方公里，规划总建筑面积 731 万平方米，规划人口 15 万，其中核心区占地 5 平方公里。规划了科技研发区、科技商务区和配套住宅区三大功能区。2016 年 12 月 13 日，天津南站科技商务区正式亮相招商，预示着南站科技商务区将实现“一点激活全局”，将来它不仅是天津西青区“双城”战略的重要片区，同时也是天津市服务京津冀协同发展的重要载体。

张家窝镇凭借前两个阶段积累的成功经验，继续发扬开拓创新精神，在第三阶段把城市化建设推向更高水平。他们的基本思路是：高水平推进南站科技商务区建设，形成张家窝镇城市化的科技商务特色；努力参与可持续发展城市的国际标准工作，占领制定标准的制高点，牢牢把握城市发展的主动权；敏锐抓住城市化进程中的新动向，勇于先行先试，争做城市化建设排头兵；加快城乡一体化发展，实现更加全面的城市化；扎实推进社会管理精细化，为更高水平的城市化提供坚实保障。

张家窝镇只是西青区整体城市化建设的一个缩影，一个典型。西青人憧憬着美好生活，创造着美好生活；他们不忘初心，牢记使命，志向远大；他们正以继往开来的精神，朝着“无限发展”的前方奋勇前行。

武立金： 原总参情报部正师职专员兼天津联络局副局长、中国作家协会会员、中国纪实文学研究会副会长、天津诗词学会理事、天津作家协会签约作家。已发表散文、诗词、楹联数百篇，出版《毛泽东遇险实录》《险难中的邓小平》《毛岸英在朝鲜战场》等长篇文学著作十余部。

青春之西青

武立金

青，是绿色，是生命的颜色；春，是季节，是成长的时段。青春就是出生在成长季节的那片生命的绿色，是阳光下那片灿烂的成熟。

孟秋之日，我随天津作家代表团来到美丽的西青采风。所见所闻所感，青春年华，青春似火，青春勃发，西青正处于青春焕发的年代，她在改革开放中成长，在改革开放中壮大，在改革开放中走向属于她的成熟。

因河而兴，因文而荣

“千年河道连塘燕，万棹粮舟贯北南。只见此时堤岸美，难寻昔日运漕酣。”这是我站在大运河畔看着岸柳听着水流时的一番感想。

说西青，不能不说大运河，因为大运河是一条串起西青文化明珠的彩带。

大运河的水延绵千年，作为与大运河“同生共长”的西青，一直致力保护、传承、利用运河文化，留住运河文化记忆，使千年运河的悠久文化得以代代相传，滋养后人。

大运河全称京杭大运河，是世界上开凿最早、里程最长的人工水道。

我们今天所说的大运河，开凿于春秋时期。隋大业四年（608年），隋炀帝下诏征发河北民夫，开挖永济渠至青县与平虏渠相通，始称“御河”。至此，南自杭州、北至通州的京杭大运河贯通。

毫无疑问，大运河是我国古代劳动人民创造的一项伟大工程，是祖先留给我们的珍贵物质和精神财富，是活着的、流动的重要人类遗产。特别是改革开放以后，人们对大运河文化的内涵与价值又有了新的认识。

大运河西青区段记载着杨柳青经济的发展、文化的繁荣以及社会的兴盛。譬如杨柳青从一个无名小镇，发展成为商贾云集、货来八方的重要漕运码头和经济重镇，与当年漕运发达的大运河有着密切关系。

大运河干流在西青界内贯穿西营门、中北、杨柳青、辛口四个街镇，全长26公里；它的支流，明朝开挖的运粮河，流经张家窝、精武、李七庄、大寺四个街镇，大运河的另两条支流赤龙河、红泥河流经王稳庄镇。

天津城沿河而建，因河而兴。大运河在津沽大地孕育出了年画文化、大院文化、风筝文化等独具特色的地域文明，也给津门留下了众多文化遗产。

兴盛于清代的著名年画世家齐健隆画店的主人，其祖上在清康熙六年（1667 年）就已移居杨柳青。杨柳青年画题材内容涉及面极广，堪称“社会百科全书”和封建社会后期发展的“活化石”。杨柳青年画经运河传播到了全国各地，甚至顺着丝路传到了国外，俄罗斯冬宫博物馆就藏有杨柳青年画上千幅 。

现为国家重点文物保护单位的石家大院，原系清末天津八大家之一“尊美堂”主人石元仕的住宅。创业人石万程到杨柳青落户以后便广置田产，以漕运粮食为业。他建成的石家大院是目前华北地区保存较好、独具特色的大型清代民宅，由此滋生出了大院文化并促进了砖雕技艺的发展。

杨柳青风筝创始于 19 世纪末，名扬于 20 世纪初，其间能工巧匠辈出，以风筝魏（字元泰）最为出色。聪明好学、富于创新的风筝魏少年时曾学过杨柳青年画，后融杨柳青年画的特色于风筝之中，使风筝独树一帜，成为中华一绝。

改革开放以来，特别是近几年，西青区持续发力，深挖运河文化内涵，不但擦亮了这张“世界文化名片”，实际上也是在做一件功在当代、利在千秋的大好事。

西青区的世代先民大多都是喝运河水长大的，可以说大运河与西青人民的生产、生活息息相关。大运河哺育了西青，是西青的“根”。作为“运河城”的西青，在新的世纪，他们对运河文化资源加以开发和利用，通过旅游事业和文化传媒让古老的运河文化焕发青春，为西青的经济发展和社会进步作出了积极贡献。

西青区政府十分重视对运河杨柳青段的规划和改造，在运河两侧各建 20 米绿化带，景观设计总体布局以四季植物景观和历史文脉为主线，将生态、休闲、观赏有机地结合在一起，成为动静兼备，既能休闲又能观景的城镇绿色风景线，被评为“津门新十景”之一。

前几年，西青区组织的运河文化寻根活动又获得了重大发现：如探寻到妈祖娘娘后代林姓人在明代永乐年间由福建迁居到西青，后来林姓第六代一女童因崇拜妈祖娘娘出家于天后宫，取法名“性宽”。明成祖时，岳飞的第十一世孙岳通屯兵静海，其后裔一支在西青繁衍生息。现在，岳飞的三十三世孙岳文伍是天津子牙河食品有限公司的负责人。在大运河红桥区段还发现了与霍元甲有关的遗迹，其中有吕祖堂内霍元甲练功用过的石锁。

西青区委区政府对开发利用运河文化一直非常重视，区委书记李清表示：西青区将认真贯彻落实党的十九大报告提出的发展文化事业和文化产业、加强文物保护和文化遗产保护传承的部署和要求，全力打造运河文化发展带，采取市场化方式，对大运河西青段实施整体规划建设，让百姓共享大运河文化带来的美好生活。

无工不富，无商不活

虽然到了下午，但天气仍一如既往地炎热。我们乘坐旅行车冒着“秋老虎”之威，来到西青经济开发区参观。

西青经济开发区在天津市南部，与中心城区结合紧密，毗邻外环线和梅江生态居住区。距市中心仅 8 公里，距天津滨海国际机场 15 公里，距北方最大口岸天津港 39 公里。这一切构成了西青开发区无可比拟的优越地理位置。

司马迁《史记·货殖列传》云：“天下熙熙，皆为利来；天下攘攘，皆为利往。”这句名言叫了两千多年，广大劳动人民却不知道利从何来，一直过着贫困的生活。直到改革开放以后，邓小平正式指出了“以经济建设为中心”，人们才找到一个发财生利的机会，才懂得“无工不富，无商不活”的道理。

1992 年，邓小平发表南方谈话，天津市委、市政府适时提出在天津设立 12 个开发小区的构想。西青区委、区政府抓住机遇，提出了高标准、高速度建设天津西青经济开发区的实施方案。

此后，开发区秉持“整体规划、功能分区、集中控制、滚动开发”的发展思路，以平均每年近 1 平方公里的开发速度，高标准强力推进基础设施建设，形成了完备的基础设施，为产业发展提供了良好的平台。从此，谋事有创意、干事有激情、成事有影响在这片土地上得到了较好的体现。

今年是我国改革开放 40 周年，也是西青经济开发区成立 26 周年。回首往事，26 年的路程有风雨、有荆棘，也有阳光。26 年岁月如歌，26 年华章溢彩。经过 26 年的拼搏，西青开发区逐渐由经济小区成长为国家级开发区。

据介绍，西青经济开发区累计吸引企业 2766 家，总投资额超过 250 亿美元，引进了宝洁、丰田、本田、松下、西门子等世界 500 强企业 43 家。形成了以电子信息、汽车配套、生物医药、高档生活用品和装备制造为代表的五大主导产业。同时以人工智能、生物医药、新能源新材料等重点战略性产业为方向，结合自身实际进一步深化完善产业链条。

我们怀着惊喜的心情，参观了坐落于西青开发区的康婷生物工程有限公司。这个公司成立于 1996 年 9 月，注册资本 1.6 亿元，是一家以研发、生产、销售生物制品、保健品和化妆品为主的科技型民营企业，先后荣获“国家级高新技术企业”“国家知识产权优势企业”“天津市科技小巨人企业”等荣誉。

2013 年 4 月公司获得中国第 35 张、天津第 4 张直销牌照，目前已在全国 21 个省市成立了分公司。

去年，康婷生物投资 16 亿元在赛达新兴产业园购置 268 亩土地建设的“康婷健康事业产业园”落成，建筑面积 25 万平方米，分为生产区、办公区、研发中心和康婷教育学院四大功能区域。

一走进车间，我们被干净整洁的厂房、安静舒适的环境和自动化的设备深深吸引。通过明亮的玻璃橱窗，我们近距离看到生产线上的工人很少，主要靠自动化设备和机器人运作。

据讲解员介绍，生产区全部采用世界先进水平的全自动生产模式，共拥有 20 间生产车间，其中 10 万级净化标准车间占 80%，设计年生产能力为 300 亿元。配套的物流配送中心建有 24 米高的全自动立体仓库，日出库能力可达 3.5 万箱。

公司负责人自豪地告诉我们，康婷一直致力于提升科技创新能力，已获得授权专利 77 项。2009 年与天津科技大学合作实现了透明质酸规模化生产，独创的核心技术项目“微生物发酵法生产透明质酸”获科技部创新基金立项，发明专利“一种微生物发酵法生产透明质酸的方法”获“中国专利优秀奖”，成为国内第一家自主研发生产透明质酸用于化妆品和保健食品的企业。

在整个参观过程中，我发现这里的员工个个都面带微笑，充满着自豪感，而且没有什么压力。厂区的环境优雅，绿草如茵，百花争艳，还建有不少体育设施。这是厂家的聪明之举，只有让员工舒服地工作，他们才会更加投入。

通过参观采访，我深深感觉到，西青经济开发区的成长过程，也是西青人走向新生的过程。它的朝气，它挑战未知的勇气，以及它顽强拼搏的精神，让生活在这里的每一个人，都充满了斗志。

26年前，这里还是一片荒地，被当地群众称为大洼，即使种点农作物，收成也非常有限。26年后，这里建起了创造巨大经济效益的开发区。我相信，在习近平新时代中国特色社会主义思想的指引下，西青经济开发区将有着无限美好的未来，他们也一定能创造出气壮山河的发展奇迹，书写出生机勃勃的壮丽篇章，铸就永留史册的时代丰碑！

住有所居，居有所安

在邓店村领导的带领下，我们参观了这个被誉为“国画之村”，有“尚武之风”的古老而年轻的村庄。一下车，发现这里的广场平整宽敞，彩旗招展、花木鲜艳，一个美轮美奂的乡村公园映入我们眼帘。

经过古香古色的文化长廊，不时可以看到一些脸上写满幸福的老人在打牌或下棋。在这个百米长廊里，镶嵌着出自村内

4~80 岁村民之手的各类书法作品 405 件，体现了中华民族几千年的文明史，具有很强的教育性、艺术性和趣味性。

据介绍，邓店村占地 1800 亩，截至 2014 年有村民 1400 多人，党员 58 人。当年村集体收入已达 4000 多万元。为提升全村生态文明建设和精神文明建设水平，邓店村投入资金 2600 万元，建设了邓店文化园，园区占地 45 亩，近 3 万平方米，由文化广场、村史记忆馆、文化长廊组成。

沿着宽大干净的台阶上行，我们来到建于古庙遗址之上的村史记忆馆。记忆馆塑有伟大领袖毛泽东主席铜像，意在让人们永远记住“吃水不忘掘井人”，要感党恩、听党话、跟党走。

记忆馆内展示了邓店数百年来的发展变化。通过图片、影像和模型，给我印象最深的是邓店人民的居住条件发生了翻天覆地的变化。他们现在居住的漂亮舒适的楼房和过去世世代代住过的土坯草房相比，其变化之大之快之好，简直令人难以置信。

村党支部书记陈子有告诉我们，过去邓店村民的住房条件很差，多为土坯房，外屋垒锅灶做饭烧水，里屋大炕占去一半面积。2000 年，邓店村“两委”班子召开问题研讨会，讨论平房改造问题。看到周围兄弟村老百姓住上了楼房，邓店村不能落后，于是新建楼房的规划很快就制定出来了，将新村建设纳入城乡一体化战略部署，着力打造村庄优美、家家和谐、人人幸福的美丽乡村。

邓店的平房改造是利用自己村里的土地，建设新楼区，无需购买土地产权。搞建设，需要大量资金。村里多方面进行筹措：一方面，合理利用村集体经济收入的自有资金。另一方面，资金出现缺口，找国家贷款，找合作伙伴借款，找建设部门垫款。

“安得广厦千万间，大庇天下寒士俱欢颜。”在整个建设过程中，村领导班子始终把村民最现实、最直接、最关心的住房问题作为工作的出发点，坚持高起点规划，高质量建设，高效能管理，统筹新农村建设，力争让村民的生活更方便、更舒心、更美好。

有人问：“邓店的村民享受多少住房？”

村委会主任陈跃虎笑着说：“邓店村民的住房比较宽裕，平均每人居住面积约六七十平方米。家庭人口多的，都分到好几套房子。”

邓店村民的住房之好，面积之大，环境之美，令我们参观的所有人都为之羡慕。

邓店村委会不光为“寒士”解决了“广厦千万间”，而且在文化、教育、医疗等方面的问题也解决得相当好。

为满足邓店村民更高品质的文化、教育、医疗诸多方面的需求，村里投资建立了阅览室，定期更新书目；幼儿园以优惠方式招收本村的孩子，每人每月只收取300元基本费；建立了社区医院，保障了村民“小病不出村，大病再报销”。村里还投资更换了近100个高清摄像头，让村民过上更加安全舒适的生活。

曾经是一个偏地僻壤、贫穷落后的村庄，在改革开放的春风中终于变了样子，一改过去的旧貌，换了新颜。现在处处高楼耸立，风景秀美，一派欣欣向荣的景象，处处都充满着浓郁的文化气息。邓店村巨大的发展变化，令人瞩目，令人惊奇，令人赞叹。

凡事都要脚踏实地地去做，不驰于空想，不骛于虚声。而唯以求真的态度作踏实的功夫，以此态度求学，则真理可明；以此态度做事，则功业可就。邓店党支部一班人正在以求真务实的态度，带领全村的父老乡亲创新发展，朝着创建“全国生态文明村”和“全国文明城区”的目标，大踏步地前进！

西青区经济的迅猛发展，西青人生活的巨大变化，充分说明了改革开放政策的无比伟大正确。在全面建成小康社会的重大部署下，西青区又面临着新时代、新任务、新机遇、新挑战。我坚信在区委区政府的正确领导下，充满着青春活力的西青人民一定能在前进道路上抓住新的机遇，战胜新的挑战，跨越新的高度，创造西青更加美好的未来。

谭成健：男，1946 年 7 月生于山东烟台牟平。天津师范大学中文系毕业，编审职称，曾任天津市作家协会副秘书长，《天津文学》杂志社社长、主编。系中国作家协会会员、中国报告文学协会会员。发表小说、散文、纪实文学作品数百万字，出版过长篇纪实文学《大寨》《走向海外承包商》《青春无悔》，长篇小说《无眠时代》《影佛》（合著）等著作。

浓墨重彩绘华章
——李七庄街邓店村新农村建设纪实

谭成健

采写西青区的新农村建设，之所以抢先选择邓店村，是因为在长达半个世纪的岁月里，我多次去往那里，我也是邓店巨变的见证者。

——题记

20世纪70年代初，我第一次踏上了邓店的土地。那时，土生土长在邓店的陈子茹已经是津沽知名的业余作家。作为《新港》杂志的编辑，我去找陈子茹组稿。在和煦的阳光下，子茹带我在村里转着，讲着那里发生的故事。踏过丰产河的小木桥，是一片瓜果满畦的菜园；穿过芦苇丛生的曲径，是碧波粼粼的兰湖。村东几株斑驳的老树讲述着往昔枣林的茂盛，村中的高土台正是村民世代勤劳的积淀。早先在这里排列的土坯房已经没了踪影，村民住进的是红砖瓦房，但从衣着、饮食上看，大家还是没有摆脱落后与贫穷。

明洪武年间，在山西移民潮中，一对邓氏兄弟在这片河汊交错、湖泊相连的土地上落脚，这里是一条连接河北、山东与安徽的南北通道，数百年里，由最初简陋的驿店发展成一个被称作“邓家店”的村落。代代村民日出而作，日落而息，在与无数次灾难和战乱的抗争中，他们受尽折磨，饥寒交迫，含辛茹苦，渐渐形成了顽强、勤劳与淳朴的民俗民风。在现代与当代的历史潮流里，他们忠实地演绎着正直、积极的本色，在时代的坐标上，在前进的征程里，他们总是旗帜鲜艳，步伐坚定。

邓店地势低洼，河渠纵横，土质盐碱，在农业发展的不同时期，邓店村民在兴修水利、抗旱排涝、改造农田中，下尽了功夫，做足了文章。挑沟、挖河、开荒、割苇、修路、筑桥，年复一年，从不停歇，男女劳力，均为行家里手，使邓店的农田建设、粮食种植规模、质量走在各村前列，村民生活较周边村庄相对富足。家有余粮、衣食无忧，是农家的追求与梦想，这一切离不开村民的团结奋斗，离不开他们有坚定的“带头人”。邓店的党组织健全，党员干部风气正，干劲儿足，吃苦在先，享受在后，得到村民的拥戴，关键时刻，一呼百应，民心所向，拧成一股绳。多年来，由模范党员组成的党支部，成为广大村民的“主心骨”“领头雁”，才有了邓店行进在集体发展的大道上。

光阴似箭，1978年12月，党的十一届三中全会开启了中国改革开放的伟大行程，随着家庭联产承包责任制的全面推进，农村原有的经营管理体制所存的弊端凸现，求新求变的邓店人紧紧抓住机遇，积极行动，顺势而上，调整经营管理方式，各种专业户开始出现，农业社会服务体制逐渐形成，社队企业也应运而生。

1982年，天津市政府就郊县农业发展提出了“服务城市、富裕农民、繁荣农村”的举措，邓店在“因地制宜，发挥优势，扬长避短，趋利避害”的原则指导下，河边养苇，洼地养鱼，埂上种果，其余地方种粮，处处呈迅速发展态势。天津政府实行“菜篮子工程”，具有蔬菜种植传统的邓店，大力发展温室与大棚种植，各种蔬菜四季常青，供应充足，满足了市民的需求。新技术的引进，家庭联产承包的推行，农村产业结构调整，推动了全村经济的发展，让邓店成为城市可靠的副食生产基地。

20世纪80年代始一直到90年代中期，邓店的村办企业如雨后春笋，遍布村里村外，涉及五金、照相馆布景、玻璃器皿、木器、餐饮、服装、养殖、沙石料、自行车、化妆品、精细化工等各种行业。各路人才，大显身手，广大村民，亦农亦工，经济收入逐步增加，生活水平不断提高。1992年，在村办企业的基础之上，邓店村成立了农工商公司，成为管理、协调全村工业、农业与商业发展的中枢机构。进入21世纪，随着市场经济的成长与需求，针对不同地区出现的重复建设、物价波动与通货膨胀等问题，中央与天津提出了治理经济环境、整顿经济秩序、全面深入改革方针，邓店以市场变化为导向，接受挑战，寻找机遇，跟随社会潮流，调整了自己的步伐。

邓店地处城乡接合部，城市建设给邓店带来了大发展的机遇，也使邓店为此作出了巨大的贡献。西外环线、黑牛城快速路与地铁 5 号线、10 号线的开拓延伸都要征用邓店的土地，现在成为天津一景的翠屏湖堆山公园，就征用了邓店的“墙子里”500 亩苇子地。邓店人也认识到这种得天独厚的环境优势，决定将房地产开发列为新的经济增长点和发展第三产业的龙头。于是，1998 年，“登发房地产开发有限公司”挂牌成立了。村支部与村委会的领导前往周边的宁家房子、王兰庄等兄弟村考察学习，借鉴他们的成功经验，在红旗路内侧开发了用于商业出租与出售的“金淼园”，其后又与弘泽公司合作建起了 18 层高的写字楼“万豪大厦”（其中邓店拥有 6 层）。

2000 年，是邓店村发生巨变的年份。“两委”班子下定决心，让村民永远告别平房，住进宽敞、明亮的现代化楼房！这时期之前，我去过邓店，看到富裕起来的村民对自家的平房进行了改造，使用了瓷砖、铝合金、纤维板等新兴材料，许多家拆除了土炕，增添了铁床、沙发等新式家具，但是，能像城里人那样搬进新式的楼房，是他们祖辈想都不敢想的事情！然而，现实变化就是让人始料不及，新建楼房的规划瞬间摆在人们面前！两委班子的目标很明确：以商业化的理念发展农业，以城市化的理念塑造农民，将新村建设纳入城乡一体化战略部署，着力打造村庄优美、家家和谐、人人幸福的美丽乡村！两年后，邓店村高台两侧 15 栋住宅楼拔地而起，建筑面积共计 7 万多平方米。这些高起点设计、高质量建设、高效能管理的红顶洋楼，配套齐全，特色独具，彻底颠覆了邓店旧貌。按照公平、公正、科学的分配方案，全村每家每户至少分得“一偏一独”，约 140 平方米，乡亲们欢天喜地搬进了新居！

2012 年，邓店村东北角第二期 6 栋高层住宅楼竣工，村民每人平均居住面积近 70 平方米。两次分房，村干部坚持公平合理、廉洁自律、一视同仁的分配原则，得到村民的赞颂。接着，他们又高质量地建起了图书馆、幼儿园、村卫生服务中心、村民活动中心等，满足村民高品质的文化、教育、医疗诸多方面的需求。紧接着，邓店在 2014 年投资 2600 万元，建起了邓店文化园。在这个占地 45 亩、近 3 万平方米的文化园里，在绿树、鲜花的簇拥中，文化广场、文化长廊与村史记忆馆各具特色，相映生辉。广场北端立有一块巨石，长 20 米，高 4.7 米，重 270 吨，采自河北行唐大山里，尤为神奇的是石头纹路隐约现出一个“邓”字，蕴含着它与邓店人的缘分。石上镌刻一个红色“福”字，光彩照人，百姓称它为“福祥石”。占地 4000 平方米的文化广场平整宽敞，在朝阳下，或夕晖里，跳舞健身的、滑轮滑板的、打拳遛弯的、吹拉弹唱的，成群结队，各得其乐，呈现出一幅幅多姿多彩的百姓娱乐图景！

那条百米古色古香的文化长廊是邓店独有的风景。长廊上方悬挂着405幅书画作品，全部来自邓店村“十月书画院”学员的创作。这些学员中有十几岁的娃娃，有风华正茂的中青年，也有银须飘飘的老者，他们用自己的画笔，抒发深厚的情感，描绘美好的心愿。走进长廊，徜徉在诗与画之间，一种浓浓的乡土气息、一种纯纯的自然美，熏陶着你，滋润着你，让你心旷神怡，流连忘返。这些作品以宣传法治道德、创建文明城区、弘扬社会主义核心价值观为主题，构思新颖，艺术地再现人们多彩的生活与美好的憧憬。特别是那一幅幅小学员的作品，天真无邪，童趣盎然，蕴含着孩子们热爱自然、追求光明的纯真情怀。

“村史记忆馆”不愧为邓店人的一个创举。它建筑风格古朴、人气、典雅，巍峨耸立在邓店老土台的最高处，是对历史的深情回顾，也是对未来的热烈呼唤！那一张张延伸在历史深处的照片，那一件件带着先辈体温的农具，那一处处留有无数记忆的沙盘，穿越时空，冲击心灵，是邓店人最宝贵的精神财富与物质财富！

在邓店改天换地的建设中，由他们的房地产公司开发的“人和院”吸引了我的目光，并在那里购置了一套住房，我喜欢那道丰产河，喜欢那条条绿化带，喜欢那里的发展远景。那个时期，他们在村西津涞公路旁，投资建设了一座2.6万平方米的“融盛青年创业基地”，要为各类高端企业提供一个现代化、开放与分享的合作空间。让人期待的是，邓店人那套完整的美好愿景，正步步付诸实践中。现已与天津水运工程科学研究院合作，修建了邓店“千亩兰湖”生态园。这个生态园占地86580平方米，建有休闲走廊、景观喷泉、中心广场等设施，营造四季美景。更让人瞩目的是，在未来几年的规划里，依托大学城辐射优势，村北近70多万平方米城市综合体项目就要启动，他们围绕邓店附近的“两路一水”，重点打造一条经济带，即依托津涞公路、秀川路、千亩兰湖的地理优势，修建28万平方米商业楼宇、44万平方米高端住宅，集商业、休闲、娱乐为一体，打造供民众游览、观赏、美食与健身的理想场所。那时的邓店兰湖将变成天津西南板块上的一颗璀璨明珠。

现在，邓店的“十月书画院”已经成为邓店村一张靓丽的“名片”，闻名遐迩，享誉八方。老友陈子茹生前是邓店书画院的骨干力量，从领导岗位退休后当选为“天津市农民画艺术研究会”会长，他曾多次带我到书画院来，在他的言谈中，书画院是故乡的骄傲。“十月书画院”成立于20世纪70年代末80年代初，当年居住在邓店的书画家郑壬和先生为辅导村民习画而开办的

“邓店画班”，是“十月书画院”的前身。多少年间，郑先生孜孜不倦地将邓店农民引领到浸润着山水国画的艺术氛围中，功不可没。当时不到千人的邓店，学画的村民就有 300 余人，周边也有不少人慕名而来，学员遍布华北各地。随着时代发展，邓店书画人才增多，“十月书画院”规模在扩大，水平在提高，活动也日益丰富。2012 年开办的邓店少儿免费书画培训班，数年来招收学员达 200 余人。此外，书画院别出心裁地举办了“中年妇女画牡丹”活动，让村里的许多大嫂、大妈挥起了画笔。老年书法班让白发老人焕发了艺术青春。书画院组织学员多次参加全国及天津市的书画展，许多人摘金夺银，为邓店争得了荣誉。特别是那些少年学员的作品，得到专家的高度赞许。2012 年，在市农委、西青区委、市群众艺术馆和广大书画爱好者的支持下，“天津市农民书画艺术研究会”落户邓店；同年，在邓店村举办了天津市农民书画艺术展。据不完全统计，几十年间，邓店书画院招收的不同年龄的学员，累计千人之多。为此，邓店村被誉为“国画之村”“国画之乡”，并被《中国名村录词典》收录。共青团中央曾连续三年对邓店书画院进行了表彰与奖励。《天津日报》《文汇报》等多家媒体对邓店书画院进行了专题报道。邓店还是一个“武术之乡”。邓店村距武术大师霍元甲故乡小南河村只有两千米，尚武之风古而有之。20 世纪 30 年代，“八极拳”就在村里广泛流传，并传承不断。改革开放以后，习武的人越来越多，邓店村成立了“开门八极拳研究会”，有固定的活动、习武场所。近年来，八极拳会员们积极参加区、市级及全国性的体育表演与比赛，屡屡获得各级奖项。2010 年 8 月，邓店八极拳研究会接待了欧洲武术协会的来访，与 20 多名国外友人进行了拳术交流。摔跤运动也深深得到邓店人的喜爱，村摔跤队早在 1966 年 9 月成立，多少年来，坚持活动，人才辈出，为天津与国家输送了许多优秀的运动员，在全国乃至世界摔跤与武术散打比赛中取得优异成绩，令世人刮目相看。

如今，人们眼中的邓店村，碧波环绕，绿树成荫，花团锦簇，成为“美丽乡村”的典型村落，精神文明与物质文明双双丰收，这正是聪明睿智的邓店人所描绘出的浓墨重彩的时代华章！2014 年，在全国第六届新农村电视艺术节中，邓店村荣获“魅力新农村十佳乡村”金牛奖，同年，还被天津市委、市政府评为“民主法治村”；2015 年荣获“全国生态文化村”荣誉称号；2016 年被命名为“全国百个优秀社区宣传思想文化示范点”，同时被天津市评为“美丽宜居村庄”；2018 年邓店党支部被评为“天津市先进基层党组织”。

在古老的邓店村，有两个优美的民间传说，富有浓郁的传奇色彩，萦绕在我的心头，让我难以忘怀。一个是《金马驹》的故事，说是古时邓店一个夜晚，一只金色的小马驹，随着一道祥光，来到正在碾米的邓奶奶身旁，舔食碾盘里的小米，久久才离去，被村民视为一种自天而降的吉祥。还有一个故事，村里有一口经“神人”指点打出的“龙泉神井”，水质甘甜，清澈透明，百年不枯。这样两段故事，有着深深的寓意，让我琢磨不已。金马驹的故事，大同小异，在我国许多地域广为流传，实际上，人们盼望金马驹，期待金马驹，就是对美好生活的强烈向往。如果真的有一匹金马驹进村，可以说，那就是如今推行的改革开放政策。正是它，给广大农民带来了幸福，实现了世世代代农家人的梦想！至于那口“龙泉神井”，寓意邓店村是一块神奇的土地，本身就有着深厚的底蕴，只要肯探索，肯挖掘，就会有甘泉流淌，世代不息。当今的邓店人在努力发展经济的同时，不懈地对扎根村民中传统的书画艺术进行更广的探索与更深的挖掘，使它势若泉涌，源远流长，才有了邓店村“书画之乡”光彩夺目，盛名远扬！

美哉，邓店！流光溢彩的邓店在改革开放的大道上迅跑！

张同义： 1950 年生于天津，中国作家协会会员。1970 年开始发表作品，发表诗歌、小说、报告文学两百余万字。创作话剧《海王》、广播剧《红三角的故事》、六集电视剧《范旭东》。1987 年出版了《范旭东传》（湖南人民出版社出版），与人合著《中国大资本家传》，撰写了长篇传记文学《现代造碱之父》，并在我国台湾再版。出版中短篇小说集《戏楼》，散文集《负荷》，长篇小说《爹和娘的海》，长篇报告文学《听海·北塘湾》《黑与白》。在《天津文学》《天津日报》《小说月报原创版》《长城》发表中、长篇小说《爷爷的故事》《六爷》《扎幡人》《海祭》《往事深处雪花飘》《水车房的月光》等。多次获全国梁斌小说奖、全国孙犁散文奖。

葫芦歌
——辛口镇大杜庄脱困在路上

张同义

一

西青区辛口镇大杜庄地界是一个“死胡同”。东边是津浦铁路，西边是南运河，南边是独流减河，北边是出口，大片的农田断了去路。条条阡陌，高低不平，泥泥水水，困住了车马，困住了人，也困住了经济。

然而，很久以前竟有人说这里是块宝地。可能是清末，京城突然来了一位风水大师，大师好飘逸，青袍青帽青布鞋，内有灰衫，白须飘然。大师是来为静海杜姓太监选墓地的，他走遍了静海，踏遍运河两岸，在与静海一河之隔的地方站定，他驰目远望，眼前一亮，运河滔滔，水运蓬勃，黄蓿红，芦花白，和风习习，紫去东来，他“呀”了一声，这里有藏风蓄水之吉，是蓄势聚气之地。

杜姓太监就葬于此，安于此。

大杜庄由此得名。

大杜庄人为杜姓太监守坟看墓，一守数年，杜姓子孙，年年来此，上坟培土，焚香烧纸。年头一久，人也就渐渐稀了，墓地经风吹雨淋也就荒得没了坟头。

那天，我到大杜庄，新任的党总支毕书记去乡里开会，天津市政协帮扶小组的曹存常处长就把大杜庄老书记韩子彬喊了来。大杜庄有 61 名党员，设的是党总支，党总支下面有两个党支部，韩子彬现在是总支委员，兼着下面一个党支部的支部书记。韩子彬今年 50 岁，身子壮实，“国”字脸，浓眉大眼，说话爽快，聊起来，一肚子故事，村里张三李四大事小情说得有鼻子有眼，有凭有据，你不信都难，有时能说得你目瞪口呆。他说，20 世纪 90 年代初，几个外地人为大杜庄跺泥垒棚，掘地基的时候，掘出了杜姓太监的坟，几个人全愣了。转而，口眼相对，默然无语，原封没动，悄然将一块白塑料布盖在上面，培上土。夜里，月黑风高，他们潜行到墓地，揭开塑料布，一掀一镐，掘坟破墓，将墓中金银财宝、古玩玉器洗劫一空，然后消失得无影无踪。村里人发现了，立马报了公安，公安来人一看，无疑这是一件盗墓大案，具体盗的什么，无人知晓。公安就上报市局，市局指示，下全力侦破此案。西青公安顺藤摸瓜，几经周折，找到了这几个人，案子告破，可人一个没抓回来，听说，几个人回去没多时日相继暴毙。

大杜庄贫吗？你得看和谁比。和偏远山区缺衣少食的贫困村比，不能算贫，准确地说应该算困。村里，有 19 户因病因残致贫户，还有三个五保户，国家有政策，贫困户、五保户，按人头拨钱，用不着村里掏钱。大杜庄共有 685 户，1800 人，除去这 22 户，基本上衣食无忧，吃饱穿暖，算贫吗？但它和天津这个大都市，和西青这个经济大区，和其他乡镇其他村来比，它可就贫了。村民们除了在地里刨玉米，种点萝卜种点菜，就没有别的收入了。前几年，村集体有 16 间库房，每间库房 500 多平方米，算是集体经济，可库房是别人的，临时拿来用，就像端着碗看着人家脸色吃饭，吃着吃着就吃不下去了，效益不好，给不了人家钱，人家翻脸打官司，饭碗咣当掉地上就碎了。再加上村里没有农田路，应时的农产品运不出去，集体经济为零。村里“两委”回天无力，想为村民干点实事、好事，比如说村容村貌该变了，大街小巷该收拾了，厕所该“革命”了等等，干不了，没钱。

大杜庄困在这块风水宝地。

二

村子难，人心自然涣散。

种庄稼，撒种施肥，忙乎一季，一亩地，除去种子、化肥，水电，还有一身泥水一身臭汗，最后也就落个七八百块钱，这点儿钱不够城里人的一桌饭钱。种萝卜、白菜、芹菜，价格相对还好，种香菜，村人们叫它鬼菜，一时一个价，八点多还十几块钱一斤，转眼就落到七八块，有时眨眼间就降到一两块，再不卖就砸在手里了，这点儿钱不够本钱。

村里人，不在地里动脑筋，“爹死娘嫁人，个人顾个人”，有的出去干一点儿小买卖，有的贷款买车跑运输，有的出去打零工，有的到附近的工厂上班。大杜庄人，不远走，恋家，恋这块宝地。

村委们也急眼，放眼四望，村村盖厂房，办工厂，挖鱼塘，养花草，闹腾得红红火火。像大寺、张家窝、杨柳青、中北，都把电子信息产业，新一代的信息技术，汽车和装备制造，生物医药，高端消费品引进了村，大杜庄的村委一班人，急得火上房。

韩子彬说，去年区委召开深入推进乡村振兴战略大会，我去了，没脸往人前坐，低头坐在人身后，点名时，喊我的名字，喊了三声我没答，答着脸红。

那次会上，李清书记讲了两个多钟头，讲到如何把全面深化改革推向深入、城市化进程如何高起步、如何牢牢把握历史性机遇，深入融入京津冀协同发展，还说了要全面落实产业兴旺、生态宜居、乡风文明、治理有效、生活富裕的现代化新农村的要求。最后重点说了全面建成小康社会，短板在农村，在困难村，我们要按照市里统一部署，真帮贫，帮真贫，确保这些村这些贫困人口精准脱贫，在全面小康路上不落一人，不丢一村。

会上李书记一个村一个村点名，说到大杜庄的时候，台上台下安静下来，全把目光移到我身上。

李书记说区委常委会研究，所有常委都下去，一人一个村，区委常委、宣传部长李桂强定点抓大杜庄，另外，天津市政协还派来了曹存常和刘鹏两位处长，还有一个叫李鹍的小伙子，组成帮扶小组进驻大杜庄，一住三年，同吃同住同劳动。

李部长是土生土长的西青人，对农村的情况熟，他常来村里，和政协帮扶小组的三位同志，田间地头到处转，想办法，出方案，制定规划，从抓主要矛盾和矛盾的主要方面入手，对症下药。村的主要矛盾是农田路。没有路，出不去进不来，什么事也干不成。修路！修路要花钱，李部长说上面的工作他做，帮扶小组的同志说“下面的工作我们做”，他们跑规划，跑交通，一个部门一个部门地跑，总算跑下来了。

西青区委区政府大力支持，投资230万元，修了南北两条、东西两条共四条路，总共四千米，今年十月就通车了。

有路了，大杜庄有了生气也有了底气。

大杜庄下一步要干啥，怎么干？这个难题摆在了两委班子和帮扶小组面前。

村子难，不是人人都难，也有不难的，张姓哥俩儿就不难，闷声不语，种起了葫芦，十来年下来远近闻名。

张家老大叫张振言，老三叫张振青，哥俩儿当初种葫芦，村里人没把这事放眼里，葫芦不就是瓠瓜，瓜瓤是寻常百姓桌上菜，外壳想干啥干啥，有摆着的，有一切两半做水瓢的，不是啥值钱的东西。可哥俩儿没黑带白干得挺起劲儿，说葫芦能卖钱。人们不信，没想到几年过去，哥俩儿腰就粗了，气色红润得和村里人不一样了，人们就问，葫芦真能挣钱？哥俩儿就笑。能挣多少钱？哥俩儿还是笑。问急了，哥俩儿平平淡淡地说，能吃饱还能吃好。话说得极轻松，有点儿扬眉吐气的味道。

别人没挣钱，他哥俩儿有钱挣，别人一家大小出去打零工，他哥俩儿，却一直留在这块土地上。

人们私下议论说，真假虚实闹不清，哥俩儿不说实话。也有的说，哥俩儿挣钱是挣钱了，往大了说，顶天了一年弄个三五万。精明人静下来一盘算，觉得有文章，哥俩儿在村上住了一辈子，不是虚飘之人，看气色，看笑容，看干法，没这么简单，这年头儿谁肯说实情，都藏着明白装糊涂，他们一干十来年，一定是发了大财!

种葫芦能发大财?

葫芦，大杜庄的大人小孩都见过，葫芦口小肚大，可是人们不知道，葫芦里有大文章。

风水经典《雪心赋》说：葫芦山现，术数医流。自古以来，从事行医、占卜、看风水、算命或看相的人都喜欢在家中挂个葫芦，有诗为证：“墙头梁上画葫芦，九流三教用功夫，凡住人家皆异术，医卜星相往来多。”这说明葫芦具有开运、化煞的作用。

葫芦有“福禄”的谐音，自古以来就被当作招财纳福的吉祥物。民间有“厝内一粒瓠，家内才会富”的说法，意思就是家家户户至少必须摆放一个葫芦，才能招财致富，可见葫芦是居家必备的吉祥物。

葫芦还有个谐音叫“护庐”，是保家平安的必备之物，老辈子天津卫家境讲究的都在窗上门边用红线拴着一个小葫芦，护家，期盼居家平安。

在中华民族的五千年历史中，葫芦被很多民族认为是人类的始祖而崇拜。在神话故事里，葫芦始终与神仙和英雄为伴，张果老云游天下，身上就别着葫芦。葫芦是给人类带来福禄、驱魔辟邪的灵物。

我对张家哥俩儿很有兴趣，我去了张家哥俩儿的葫芦大棚。韩子彬、市政协帮扶组的曹处和刘处还有李鸥陪我一同去，路过张家老三的老宅，停了车。老三家老宅依然和村里的人家一样，房没翻盖，也没建楼房。老三家是一座小院，有上房和厢房，门前的村路上，依然晾晒着刚下来的新玉米，房檐下挂着丝瓜、红辣椒。院门前，并排坐着两位妇女，戴着口罩，围着头巾，灰颜色的长裤长袄，裤脚袖口扎得严严实实。坐在小凳上，人守一台打皮机，打皮机就是工厂里常见的砂轮，砂轮圆盘上是一把把硬毛刷子，打皮机转起来，小刷子闪着圆润的光，两个妇女头也不抬地打磨着一个个小葫芦，小葫芦手掌大，青中透白，打磨下的葫芦絮，不断飞起落下，在阳光下弥漫着雾般的白末。打磨完，随手扔进身前的一个白色的塑料筐。满是小葫芦的塑料筐，一筐摞一筐摞得一人高，就等着来车拉走。张家老三看见我在仔细地看着小葫芦，韩子彬就说作家来采访，让他说说小葫芦，张老三走到我跟前，笑吟吟地拿着个小葫芦，说这种葫芦叫“天津嘴儿”，这是咱本地小葫芦“手捻儿”和“小美”杂交出来的，是我接的茬（嫁接）。“小美”就是美国的小葫芦，美国的小葫芦没嘴儿，底平，不好卖，和“手捻儿”一杂交，有了嘴儿，就好卖了，因为咱这是天津地界，是发源地，就叫了“天津嘴儿”。有了嘴儿人们就认，现在一提“天津嘴儿”，山南海北倒腾小葫芦的贩子，没有不知道的，一提天津张家哥俩儿，圈里人不知道的很少。这种小葫芦可以挂在窗上，也可以把玩，销量大，我问一亩地能挣多少钱，张家老三又喜又美地说："一亩地两万来块钱，我这十四五亩地，一年下来三十多万。"打磨小葫芦的妇女吼了他一声："秃噜嘴儿，胡嘞嘞啥？"老三赔笑说："老娘们儿胆小怕露富！咱不偷不抢不贩毒，怕啥？咱这叫货真价实不带掺假的劳动致富。"人们哈哈笑，老三也笑，然后一本正经地说，种小葫芦比种菜省事多了，如果种菜两口子根本忙不过来。

老三陪着我们开车来到了独流减河的大堤，放眼望去，大堤下便是一排排塑料大棚，我随着老三弯着腰钻进大棚，抬眼一看，惊呆了，大棚里一步半步间便挂着一个大葫芦，葫芦的个儿，有半米高，敦敦实实，我用手托，沉甸甸的，足有四五十斤，个个葫芦都用黄色塑料绳编的网兜兜着。五月下籽儿，十月收获，现在正是九月中旬，葫芦成熟了，成熟的葫芦，泛着白光，滑润透亮。老三告诉我，这种葫芦叫"莲花头"。我仔细看过，每个葫芦头圆圆的，的确像开着的莲花。葫芦上挂满了红布条，一眼看去红红白白，赏心悦目。老三说："'莲花头'也是我这几年接的茬，有七八年了，人们喜欢这个头，现在快熟了，不熟它青，熟了发白，过去别的地方也种过，种着种着，人们就不认了，它不好落，裂，脑袋瓜子慢慢也抽，不敢用打皮机打，一打它就伤了，咱这个不怕，你放在打皮机上打没事儿，打完皮，晾干了，往那一坐，头年亮黄，等到过年的时候，就上色儿，就红了。”我问：“‘莲花头’好销吗？”老三说：“不瞒您说，我在水高庄又租了十多亩地种莲花头，‘天津嘴儿’我是捎带着干的，按今年说，大的市场比小的好，大的一个能够卖到一万多块钱，买回家去就为摆着，喜好这个，家里富裕的不在乎钱，有的专门腾出一间屋子摆葫芦，现在人们的审美观也上去了，头越大越值钱，人们买了，都笑呵呵抱着走，说把福禄抱家去了。”他指指葫芦枝蔓说：“这种带龙头龙须龙尾的是抢手货，说是子子孙孙、子孙万代旺盛的意思。”我看见葫芦上都画了勾，老三说这些都订出去了，只等几日，人家就连须子带葫芦都抱走了。现在人们都求财，求寿，求吉祥，很少有人腻歪它。老三兴致很高，跟我侃侃而谈，脸上表情相当惬意。

三

我们从老三的葫芦棚回来，毕书记从区里开会也回来了。

毕书记很年轻，三十多岁，高高的个儿，方方的脸，眼睛很亮，挺精神的一个小伙子。他是今年六月换届全票当选的。

毕书记叫毕红歌，毕业于中央党校，是本村本土人。

我们见面自然谈了种葫芦的事，毕书记给我斟了碗水，说：

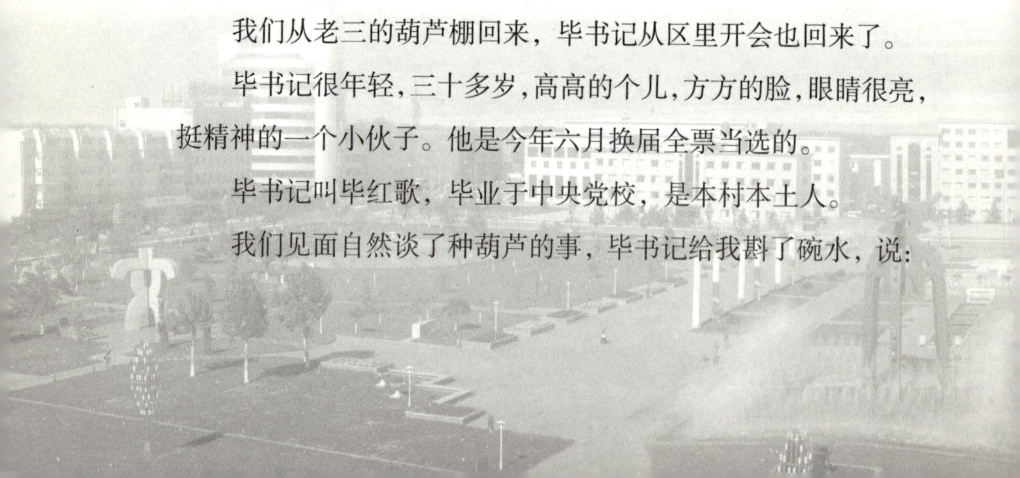

“为这事，我们两委开了不少次的会。”他转脸看看曹处和刘处说：“帮扶小组出了不少主意，现在我体会，帮扶小组帮什么？帮的是观念。帮扶小组给我们带来了新观念，观念变一切都变，总是老观念，你就迈不开腿，走不动道。他们从城里来，从大机关来，眼界宽，见识广，主意多，关键他们的思维方式和我们不同。”

“提出种葫芦，帮扶小组很支持，宣传部李部长还为这事开了专题会，区委、区政府知道了，也挺高兴。那天，区委李书记来我们村指导工作，回去的时候，车都过了张老三的大棚，忽然想起，又让车开回来，专门到大棚里看了看。当时正是三伏天，天格外地热，李书记进了大棚，塑料大棚隔风隔雨不隔太阳，四面不透风，还保温，进去就像进了蒸笼，李书记当时就一身汗，汗珠子顺着脸往下流，大棚里蚊子多，往人身上扑，没一会儿的功夫，李书记胳膊上全是包。李书记看了大葫芦很高兴，支持我们干。”

毕书记说得很带劲，他说：“我们有块300亩的地，20世纪80年代曾是农田，后来多种经营挖了养鱼池，天旱鱼不肥，索性就填上了，荒了不少年，我们准备整治一下，建大棚种葫芦。小葫芦，市场大，我们准备先期启动150亩，今年整地，镇里给解决20方花皮土，明年开春盖棚，五月下籽儿，十月就该收获了，到时您一定再来看看。”我问要投多少钱，他说：“大概 500 多万元吧。”“钱从哪儿来？”他说：“镇里解决一部分，自筹一部分。我们注册了大杜庄农业公司，请了张家老大张振言做顾问，利润三七分成，看看市场情形，后面会陆续跟上。”

毕书记说着说着激动了，说：“我带您去看看。”我和毕书记一行来到了这块地前，这里紧挨着张家窝，靠着津浦铁路。秋日的阳光下，300 亩疙瘩地柔和地铺开去，地上有些杂花乱草，阳光明媚，和风习习，地界开阔，一望无垠。毕书记得意极了，一手有力地在胸前画了个半圆，昂扬得就像指点着金山银山。看得出来，意气风发的毕红歌对这片土地充满了希望。

这里确是一块宝地。

此景此景，让我想到了道教经典葫芦歌：

葫芦巧，葫芦巧，
两个葫芦来回抱，
葫芦里面有金丹，
服者长生永不老。
……
这葫芦价千金，
自古仙佛不敢轻，
有缘若遇真传授，
共作龙沙会上人。

王文淑： 1954年出生，天津人民艺术剧院二级编剧。1987年以来在各大报刊发表文学作品多篇，连续三年获天津市文化杯二等奖，上演及出版话剧、小品、电视剧和长篇小说多部。其中小说《天津有个起士林》在《今晚报》连载数日，独幕剧《两个女人》获华北地区大赛二等奖，多场话剧《红柳情》获2015年全国最美中国梦戏剧大赛二等奖。现为天津作家协会会员，全国戏剧文学学会理事。

水高庄有个红色家庭

王文淑

也许大家都看过电影《集结号》，片中有一位在战斗中幸存的连长谷子地，可巧在西青辛口镇水高庄，有一位与谷子地有相同经历的革命老战士高进和。1915年高进和出生在水高庄，他一落地就没有看见过父亲。那时家里穷得揭不开锅，他父亲跟着杨柳青的人赶大营去了遥远的新疆，再没有回来。7岁时他母亲也病死了，是乡亲们把他拉扯大。17岁时被拉去当壮丁，在塘沽碱厂干苦力。一天夜里，他正在仓库角落里睡得迷迷糊糊，有人推他："小兄弟跟我们逃吧！"他睁眼一看，问："你们是什么人？"对方说："让老百姓过好日子的人。"高进和马上来了精神，站起来跟着对方往外跑，逃出来他才知道救他的人是地下党。他毫不犹豫地跟着地下党去了山西，先是给前线打仗的部队送药品，半路上被日本兵逮住，把他押到煤矿挖煤，幸运的是半年后，地方武工队攻打煤矿把他解救出来。两次被救，使他对共产党有了更深刻的认识。在武工队长的引荐下，他正式加入了八路军，后来他成了华野的兵，多次跟日寇作战，1938 年火线入党。1945 年日本鬼子投降后，接下来跟国民党打，华野转入四野，他又参加了辽沈战役和琼海战役，在塔山阻击战和攻打锦州的战役中差点牺牲。在解放四平的战役中，死神又和他擦肩而过。他记得那次战役打了三天三夜，全营就剩下两个人，还都是伤员，其中一个就是他。他前胸两处重伤，肚皮都开了花，一颗子弹打中了他的右胸，幸亏被铜板挡住保住了命。在攻打海南岛的战役中，高进和后腰被炮弹炸伤，至今他后背上还有一个很深的洞。

在高进和养伤时，朝鲜战争打响了，四野奉命赴朝。高进和多次请战，可首长考虑他是“功勋伤员”，未批准他的请求。待全国解放后，他本来可以留在部队任职，当他知道地方需要大批干部时，他自愿申请回家乡参加社会主义建设。1952 年他离开战斗了二十多年的部队，带着一、二、三等立功奖章和解放战争纪念奖章及“残疾军人证”回到天津老家辛口镇水高庄。从部队到地方，多年他始终保持着军人的作风，一年四季就爱穿军装，成为村里一道风景。

过去水高庄是个贫穷村，生活条件很差。当时担任村长的高进和一心带着乡亲们往前闯，他和大家汗流在一起，劲使在一起，从“大跃进”到人民公社，他用自己的满腔热情鼓舞着乡亲们坚定不移地跟党走！改革开放后，高进和因年纪已大、文化水平不高，主动让贤，当了村里一名普通的农民。

城乡一体化的发展，激发了农民对新生活的向往。在区镇领导的带领下，全村团结致富奔小康。高进和人老心不老，一直关心家乡的建设。虽然没有了职务，但他为人民服务的热情丝毫未减，一个老战士的本色没有变。他说："是家乡的人民养育了我，我要尽自己的能力积极为老百姓办实事。"他自愿当上全村义务送信员，为全村各家各户送信和邮件，刮风下雨从不间断。有人说他傻，没有一分钱报酬，还吃苦受累，他却当耳旁风，仍干得任劳任怨。日久天长，村里人亲切地叫他"老革命。"

高进和亲眼目睹了改革开放多年来村里发生的翻天覆地的巨变。他从前住的是两间毛坯房，2010年搬进了女儿家买的商品房，喝自来水，用天然气做饭，看液晶电视，彻底改变了贫困的生活。他逢人便说："那些战友要是活到现在多好！"他告诫家人即使过上了好日子也不能忘本，不能忘记过去为革命抛头颅洒热血的先烈们。高进和又自愿当上了学校的义务宣传员，每逢"六一""七一"，他都被区镇里各学校请去给孩子们进行革命传统教育，讲他在战争中经历的磨难，让孩子们从小就要树立远大的理想和抱负，培养孩子们爱祖国、爱人民的高尚情怀。

最感人的是每年清明节，高进和都穿着那身褪了色的军装，恭恭敬敬地来到烈士陵园为在战争中死去的战友们扫墓，去一次哭一次，并长久地向死去的战友行军礼。他雕塑般的形象给人们留下了深刻的印象。2005年天津市人民政府赠予高进和抗日战争胜利老战士纪念杯。2009年中华人民共和国成立60周年，中央军委为他颁发抗日战争老战士纪念奖，西青区政府为他颁发抗日战争英雄战士纪念表。

在他的言传身教下，他6个孩子都很出色，其中一个儿子、三个孙子都继承他的志愿，在他曾经战斗过的地方当兵，分别任团长、营长、优秀士官，他家在村里被乡亲们称为“红色家庭”。他的大儿子在村里第一个成立蔬菜合作社，成为村里致富的带头人，还作为嘉宾在人民大会堂参加中国农业社会化服务新体系发展高层论坛。他的女儿女婿们也非常勤劳孝顺。2014年12月高进和去世，享年101岁。

2017年高进和的亲属全部住进了村里新建的商品房，从简陋的毛坯房到100多平方米的精装楼房，这是改革开放带给农民的丰硕成果。他大儿子深情地说：“我父亲生前就爱说三句话：‘不争名利心里平衡’‘感恩心态知足常乐’‘信念不倒精神永在’！他老人家的话我们子孙后代永远不会忘！”

白青： 朱继和，笔名“白青”，天津市作家协会会员，天津市西青区作家协会副主席。生于1951年，毕业于天津师范大学。作品曾获天津文化杯小说、诗歌、散文奖。作品有《诗探索》《天津现当代诗选》《辛卯诗选》《杨柳春风》《新番杨柳》等；著有长篇小说《大船》（北京华文出版社）、诗歌散文集《白青诗选》（山西北岳出版社）等。

白鹭遐思

白青

在坐落于子牙河防洪闸和行船闸二水分流的河渚之上的西青宾馆，参加天津市作家协会读书班，新老作家济济一堂，畅叙改革开放四十年来的辉煌成就，使得已经把自己定位为蹲在南墙根下晒太阳的扎堆儿老人的我精神为之一振，好像把自己晚景融入多彩的秋季，随之夕阳晚照般地辉煌起来了。

子牙河风光，使我不禁浮想联翩，这里是我从小长大的地方，单从我以前写的一首名为《二道闸》的小诗，即可看到我当年与这里的亲近。绿色小岛，在淡然天水间／多少风雨况味化作涟漪／堤边小树，听着书本上的诗句长大／草丛蟋蟀陪伴我走过又一个假期／帮老人拉车，助水手张帆／莲叶里折取无尽荷香／碧波间捕捞银色鲢鱼／为了救一个溺水的孩子／我扯破了球衣／忍痛挨了妈妈的责打／可我并未提见义勇为的事迹／因为漂母饭信非为报矣／如今这里更加绿意盎然，充满生机／森林深处孩子们欢歌笑语 /童年的歌声“让我们荡起双桨”又在耳边响起……隔岸，一望无际的玉米地，宽大油绿的叶子沙沙作响，传递着丰收的信息。坡下芦苇、蒿草、泊芷等织就一幅绿色壮锦，恰巧蔚蓝的河水皱褶的波纹潋滟在画幅的边缘。此时，蓝天碧野映衬下的河面上一只翩翩飞翔的白鹭像一道强烈耀眼的白光冲击着我的视觉，不由循着它飞翔的曲线渐渐从高处俯冲下来，栖息在露出水面的一条堤埝上。顺着堤埝望去，这里还有十多只白鹭翔集，或延颈寻食，或临风展翅，或啄羽打逗，晶莹的蓑羽熠熠飘拂，美丽如天使降临，顿时宁谧的河滨洋溢律动的活泼气息。细看河面上尚有排队游弋的野鸭，时而隐没时而漂浮。我不由赞叹，习总书记关于绿水青山就是金山银山的理念，已经在天津西青勾勒出人与自然和谐共生的生动景象。据说，今年海河禁捕，水产繁衍增快，岸边垂钓者络绎不绝，竟有一天能钓到五六斤鱼的。

以前我在白洋淀，一位邻居，从芦苇丛中惊起一只硕大的青鹳，他用撑船的篙一挥，就打下来了，交给他儿子抱着，青鹳苏醒过来竟然把这位邻居的儿子左眼啄去了。从此这个孩子就成了独眼龙。虽然这是个悲惨的故事，但是由此可见，当时的白洋淀自然生态是多么丰盈。而今，我们九河下梢的西青，坚定走生产发展、生活富裕、生态良好的文明发展道路，着力强化环境保护，已经呈现“落霞与孤鹜齐飞，秋水共长天一色”

的壮丽景色。长此以往，相信“篙打青鹳手抓鱼”亦不是什么稀奇事了。

记得四十年前，我任丘的表弟来杨柳青，行经区政府所在地“大会场”时有感而发，对我说，你们这儿就跟俺村大队部似的。这对成长于斯的我不啻是一声闷雷，我知道任丘得力于华北油田的开发，带动了城市建设的迅速发展，但两地的建设规模也不至于有如此悬殊的跨越吧。我告诉他，杨柳青的富户大院得以存留，是历史夹缝中的偶然。天津解放前这里的古典建筑大部分毁于战火，日寇的蹂躏，特别是国民党败退前为守卫天津在外围构筑工事，把杨柳青的十几座庙宇都拆了，所以除却青砖瓦舍的富户大院，贫民居所都是茅屋草舍。所以，著名的杨柳青大寺胡同等青石板路下雨的时候原来流的是清水，遭逢劫难后，土坯房连片，下雨的时候，青石板路上流的都是泥水汤子了。一遭浩劫过，千载故地寒。天津解放后杨柳青的复建就不简单了。当时我的话好像并没有引起表弟的多少注意。

后来我到任丘参加《诗探索》杂志举办的“白洋淀诗群落寻根笔会”看到任丘的变化确实惊人，具有了一定的都市规模，亦非一般县城可比了。可是，曾几何时，被誉为“华北明珠”的白洋淀遭到严重污染，被戏谑成“保定府的痰盂”。白洋淀西岸我老家的许多养殖户都不同程度受损，死鱼事件多次被相关媒体曝光，惊动了国人。现在国家规划雄安新区开发建设，白洋淀已经碧波荡漾，整个流域都会得到协同治理。“问渠那得清如许，为有源头活水来。”西青人民定会牢牢把握历史机遇，深度融入京津冀协同发展，定位西青角色，展现西青作为，作出西青贡献。

现在的西青已非当年可比，发展质量和效益明显提高；创新驱动发展战略加快推进；注重生态文明建设；城市化管理更加精细。杨柳青继被评为“全国魅力文化名镇”之后，又被列为国家首批经济发达镇，正全力打造“千年古镇”精致城区。

最近任丘的表弟又来杨柳青，我们一起参观了华侨城创意文化园。看到园中展示的西青发展前景和规划，一个具有现代气息和历史文化底蕴的北方宜居城镇，一个承古奉今的文化旅游胜地即将出现，使杨柳青历史上著名的景观再现于御河之畔。他面对拔地而起的高楼大厦和富有江南风情的美丽如画的运河商旅文化带，以及有着发达的交通设施的高科技创新产业园区，不禁感叹道：“杨柳青毕竟底蕴深厚，一飞冲天啊！”我不无揶揄地问道：“可比得了你们村的大队部？”表弟脸一红，拱手微笑：“笑谈，笑谈。”我们畅谈西青大力承接非首都功能疏解，加强京津冀产业转移平台建设、积极对接雄安新区规划，憧憬京津冀将成为北方江南、人间天堂。我们不由得为之振奋，对我们共同家乡的美好未来充满信心。

从子牙河畔观赏优雅、美丽的白鹭，联想到自己曾经读过的美国作家理查德·巴赫写的《海鸥乔纳森》，它讲述了关于一只渴望飞翔的海鸥的寓言故事，告诉我们过程本身的纯粹快乐，如何以幸福的方式度过平生。从而，我更加深刻地领会了习总书记关于“良好生态环境是最公平的公共产品，是最普惠的民生福祉”的论述。更加认识到和谐发展、保护环境是民族复兴、国家昌盛的长远之策，是造福后人的百年大计，是我们这一代生命过程的不留遗憾的纯粹快乐。

兴之所至，我不由吟诵郭沫若关于白鹭的诗句：“白鹭本身不就是一首优美的歌吗？白鹭实在是一首诗，一首韵在骨子里的散文诗……”

朱国成：男，1958年6月出生。著有“阅读大运河”系列6种；“泛话杨柳青”系列7种；其他13种。编有“杨柳青杂俎”17种；赤龙河文化丛书40种；其他3种。编辑《赤龙河》杂志101期。天津市作家协会会员、天津市民间文艺家协会会员、天津市民间文艺研究会理事。作品获奖30余项，其中报告文学获天津市文化杯一等奖，小说获《天津日报》天津市区县文学擂台赛三等奖。

磐石访亲记

朱国成

在2016年9月2日，由西青区新闻中心和大寺镇联合组织的访亲团，带着天津韩氏传人的问候，带着弘扬韩慕侠文化的重任，带着传承韩慕侠精神的热情，奔赴磐石，访亲问友、搜集资料、交流技艺，携手描绘韩慕侠文化建设的未来。

这是韩慕侠传人第三次北上。一路上，伴着扑入车窗的金秋气息，访亲团成员重温着天津、吉林两地由韩慕侠联结的文化血脉，不禁心生感慨：历史连着今天，也一定通向未来……

北上：播种

1918年秋天。

韩慕侠传人第一次北上。

那是1918年9月，《晨钟报》刊登了一帧二十多个外国

大力士的照片，那个“来华设擂比武”的，是号称打遍欧美四十六国无敌手的“震环球”“世界第一大力士”康泰尔，他身高两米出头，长得像一头雄狮，站在正中，各国大力士双臂抱胸分站于康泰尔左右。《顺天时报》广告道：“本会预备小金牌十座，大金牌一座，请看鹿死谁手……”

京津各报的广告，充满了对国人的蔑视和对中国武林的不屑。

当时的中国，政府无能，洋人横行，百姓憋气，这样的广告令中国武士愤怒了。就在这时，天津中华武士会收到康泰尔参会的邀请。

中华武士会会长李存义和张占魁商议后，到韩慕侠家邀他参赛。出发那天，随他练武的南开、北洋女师的学生为他送行，他们依依不舍地紧随韩慕侠到天津北站，直送他登上进京的列车。9 月 13 日的天津《益世报》报道说：“此次中央公园开万国赛武大会，所邀集各国大力士共有七国二十三人，均系著名武士。天津中华武士会……已于前日约山东等武士五十余人到京……王俊臣、李剑秋、张远斋、韩慕侠四人武技最精，被公推为角赛领袖。”

韩慕侠进京以后，却听说警察总监吴炳湘和步军统领李长泰，以“恐伤人命，致起外交”为由，强行将比武改为演武。

韩慕侠愤然：“生死何足惜，倘不角，致康君携奖而归，直视我国无物矣！”

于是韩慕侠、张占魁、李存义、王俊臣于当晚八点多钟，直往康的住地——北京六国饭店。

在六国饭店，双方言辞激烈，各不相服，只得伸手见输赢。

韩慕侠施展八卦掌、形意拳的独门绝技，走行龙，迈虎步地缠他，粘他，黏他。间以大蟒过洞的绝招儿在他胸前、身后、腋窝底下飞速地钻来窜去，并不断地用探掌探他的前额，弄得康眼花缭乱，目不暇接。

康抓抓不住，打打不着，气急败坏，造成急、迷、乱的形态。当康伸手要抓韩右臂时，韩急用左手仰掌沿康的右臂向前一穿一缠，又顺势一掳，就将康的右臂带入怀中。这时康猛力向回挣右臂，韩趁机使一个趟泥步，致使康脚下无根。就在康身形一晃、失掉重心时，韩用苦练多年的颤掌，以迅雷不及掩耳之势、开碑劈石之力，重重地击在康的前胸。康“轰隆”一声跌出丈外，胃中食物都吐了出来。

韩喝叫康起来再比：“你有十一枚金牌，我就打你十一次。”

康慌惧无状，连连求饶，甘心服输，命夫人将十一枚金牌托出，全数相让，并签订了一纸服输字据。

第二天，北京各报纷纷登载了中华武士胜利的消息。《顺天时报》写道：“……并转述俄国大力士之意，谓久佩中国武术之精，不须比赛亦早已心服云云……”《晨钟报》说道：“迨至前日，康等遂一败涂地，虽未详战胜康等者为何人或即为某等，亦意计中事也云云。”

韩击败康泰尔，名声大振，被人们誉为“北方大侠”。关内、关外的武术组织及武术界人士均欲邀请韩表演绝技，一睹“北方大侠”的风采。当时，吉林省民间武术组织通过韩的弟子于文治（吉林省榆树县黑林子人）请到韩及数弟子莅吉，下榻临江门旅社。次日在吉市后鱼行运动场进行了表演。

应吉林武术组织及各界知名人士之请，韩同意在吉林省开办吉林武术馆，义务授徒，并任名誉馆长。韩的得意弟子于文治、车振武任拳术教师，兼吉林一中、毓文中学和模范小学武术教员。

“吉林武术馆”大匾一挂出，几日内竟有百余人前来报名。

建馆的第一天，召开了“吉林武术馆成立大会”，师生和当地各界人士合影留念。

1984 年，尚健在的吉林省桦甸市退休教师刘崇坤向韩慕侠的儿子介绍当年情况，说：“韩师慕侠威望甚高，名气极大，来吉表演，艺惊全场，轰动了江城。我当时正在学校读书，热爱国术，便拜于文治为师习武。”

吉林武术馆的建立，使韩氏形意拳、八卦掌在吉林得到传播。

北上：扎根

1953 年秋天。

朝鲜战争结束，韩慕侠的儿子韩少侠所在的公安二十一师从朝鲜回国，不久，全体军官集体转业。韩少侠脱下戎装，没有回天津老家，他服从组织安排，只身来到吉林省磐石县供销社工作，在这个陌生的东北小城安了家。韩慕侠传人这次北上，竟在那里扎下了根。

韩少侠毕业于天津西开中学，是韩慕侠独子。9 岁随父习武，深得父亲的真传，系统学习了韩氏八卦掌、形意拳。16 岁开始代父传艺六年。1947 年秋，他来到北平，参加了傅作义部队的铁甲车训练班，学习铁路工程技术。北平和平解放后，25 岁的他参加了人民解放军。参军报名时，韩少侠隐瞒了自己武术世家的身世，把自己的名字改成“韩琦”。在解放全中国的硝烟中，韩琦先后在华北军区铁道兵团里做过铁路技工和军事教员，参加过解放大同、抢夺京汉铁路等数次战斗，很快被提拔为排长。1949 年参加开国大典。

1951 年 10 月，韩琦随部队跨过鸭绿江，担负朝鲜城川郡一带铁路运输线的保卫任务。因表现突出，战功卓著，他的排受到中国人民志愿军司令部的通令嘉奖。

转业到磐石县供销社工作后，在当时特定的历史条件下，韩琦默默工作，从不言武，一身绝技藏而不露。

1981 年，武术界引发了“谁打败了康泰尔”的争论，韩琦为了还原历史真相，拿出了父亲当年得到的金牌和一枚武师玉牌。磐石人着实吃了一惊：原来这位从不言武的老实人竟是一代武术宗师韩慕侠的独子韩少侠！

通过吉林省体委，金牌被拿到全国武术展览会展览，引起无数中外观众的瞩目。不久，以韩慕侠为原型创作的电影《武林志》和电视剧《十一枚金牌》相继播映，已经过世数十载的韩慕侠再次名扬神州大地。韩琦也在磐石小城复出武林。这一消息震动了吉林，也震动了武林。

韩少侠复出武林后，开始授徒传艺，他也像父亲当年一样分文不取。他对每个弟子认真地进行示范、指点。如今，他的亲传弟子达百余人，遍布全国。

1985 年，在全国挖掘传统武术工作中，他参加了吉林省老拳师的表演和录像，国家体委授予他全国武术挖掘整理雄狮奖。1986 年，韩少侠任磐石县第一届武术协会主席。在 1987 年的一次全国武术研讨会上，他的论文《发展武术，勿忘传统》引起了与会者的普遍反响。1994 年，韩少侠同他的父亲韩慕侠一起被列入人民体育出版社出版的《中国武术名人辞典》。

多年来，韩少侠为武术传承事业作出了卓越的贡献，曾多次带领门徒代表磐石市参加省、市武术比赛并获奖。2011 年 4 月 16 日，韩少侠先生去世了，但他的弟子们继承了他的事业。

北上：访亲

2016年秋天。

9月3日上午，访亲团一行到韩家拜访了韩少侠夫人——80多岁的李桂芝老人。老人家精神矍铄，亲切热情，拉着访亲团员的手，唠了几句家常，便乘车来到国家开放大学磐石电大三楼会议室。少侠家人和弟子与访亲团进行了座谈交流。李桂芝老人介绍了父亲韩慕侠武术生涯的重要事迹。弟子张庭文介绍了师父韩少侠生平。到场的弟子们动情地回忆着师父授徒时一丝不苟的严厉以及情同父子的真情。座谈会上洋溢着暖暖的亲情。

11时许，一行人来到五楼会议室，进行资料拍摄和交流，并举行了访亲团向韩氏家人赠送礼物的仪式。大寺镇健身社副社长孟继富、郭宏伟代表访亲团向李桂芝老人赠送了杨柳青年画《连年有余》，社长柳彩发、总教练郑同欣分别向韩少侠的长子韩兵和次孙韩雨罡赠送了宝剑。然后，韩少侠、赵云彪、杜少祥的弟子们进行了亲切的自由交流，这些“亲叔伯”兄弟的浓浓情谊使人动容。

下午，韩氏传人在韩少侠昔日授徒的东山公园进行了武术交流。他们打了五行、十二形等形意拳和八卦掌，并展示了鞭、剑、钺、刀等器械，王书江的双钺表演颇有韩师之风。特别令人感动的是在整整一下午的交流过程中，84 岁的李桂芝老人一直站在那里，满眼喜爱地看着孩子们的一招一式，相信此时此刻她的心里一定是甜甜的、暖暖的。

晚 8 时许，访亲团来到邵强的永年武馆。邵强，韩少侠的百名弟子之一，一级社会体育指导员，武术六段。在观看他授徒时，访亲团的三名记者现场拜师，张凯随即拜杜少祥弟子郑同欣为师。可喜可贺，韩慕侠传人又添新丁。

刘景松：青年作家、自由撰稿人、编剧、影视策划人。天津市政协委员，天津市青年联合会常委，天津市新的社会阶层人士联谊会副会长，天津市作家协会会员，天津市作家协会网络文学专委会主席。在各类报刊发表各类型文章数百篇。创作网络小说4部，共计1500余万字。

西青记忆

刘景松

儿时的记忆中，西青是父母口中的“苦难”。几乎让我这城里娃对这个地名产生了恐惧。也难怪，西青正是父母下乡的目的地。

母亲是大家闺秀，在那个时代，这并非褒义，反而代表着成分先天不好。在她的印象中，小南河是一个距离老城里极远的地方，在那里过着和城市中截然不同的日子。竹筐中满满的大粪，足有二百来斤，压在她八十多斤的身体上，每天要走几陇田。能睡十个人的大通铺，总有一种说不明的臊气，但却怨不得别人，因为即使是母亲自己，每周都无法洗上一个澡。那个时候，当公社将唯一一个读医科大学的名额给了母亲的时候，她却不敢接受，因为“社来社去”可能让她一辈子都回不到那遥远的“市里”。至于父亲对西青的记忆，还不如母亲。青光农场的岁月，让他不愿意做任何的回忆，只化作了一句：“千万别去西青，那里和市里不同。”

对西青的恐惧，持续了近30年。我用了30年时间，南到广东、海南，北至黑河、漠河，东临山东、上海，西至新疆、西藏，可却几乎没有踏足过“遥远”的西青区，许是怕父母的苦难传给自己一般。

可如今，我竟鬼使神差地成了一名“西青人”，最大的颠覆并非我克服了恐惧，而是每天在西青，看着“遥远”的市区，却不愿意踏进去一步。其实我真正融入“西青”，也不过近三年时间，而且还有很长一段时间，人在西青却不自知。

三年前，我成立了个人工作室。比较了许多地方之后，决定将工作室注册在环外海泰的高新区。在我看来，这里虽然在外环之外，但无论是规划、环境还是现代化程度，都优于嘈杂拥挤的市区。特别是远比我在市中心的正中心的住处要清净许多。后来才知道，如果从区位上看，这里已经就是西青了。而后，为了给员工们解决住处，我转到了中北大道，看上了两处刚刚装修好的单元房，便承租下来，从那之后，我也有大部分时间就住在了西青，因为这里不需要承受市中心的拥堵，每天上班，也仅仅需要5分钟而已。

一切都是潜移默化，在西青一晃住了两年。两年时间回到市区去住的机会越来越少。反而觉得在西青越来越方便。许是开车的原因，只要靠近快速路和外环线的地方，公里数可以忽略不计，反而是中心地带，越发不愿去，和西青的感情，也越来越深。哪里有好吃的饭店，哪里有好玩的场馆，哪里有休闲的酒馆，哪里有购物的商店，已然全部熟悉。也就因此，才发现其实这里真的很方便。偶尔比较起来，才会发觉，现在哪里还有“市区”或是西青，我们根本再也找不到其中的交界，真要算起来，更漂亮的地方绝不是市区。

几年来，作为一个西青人，自然要走遍西青。从杨柳青到大寺，哪里都不缺少我的足迹，一条贯穿全区的赛达大道，成了我最常走的快速路。我曾经想去寻找母亲记忆中的田垄牛粪、低矮的平房和十人的通铺。跟着母亲记忆中的地名，我找到了。但找到的却是一座座充满生气的象牙塔，那里已然成为了大学城，一个同样可以承载年轻人记忆的地方，但留下的再不是苦难，而是最幸福的时光。而青光，依然是青光，万亩果园，郁郁葱葱，已经完全是一片都市中难得的净土。

回忆是很可怕的东西。因为只有它才能让人感觉到真实的变化。算算自己，也快40岁了。是改革开放以后的这一代，是经历了天翻地覆变化的一代。但是，真正到我们的身上，真的觉出来每天有什么变化了吗？真没有。感觉眼前的路，5年前就是这样，对面的楼，也盖起来10几年了。仿佛一切都很简单，仿佛一切理所当然。可真当我们停下脚步，真的掀开回忆的时候，才会真正理解到沧海桑田一般的改变。其实仔细想想，并

非我们感觉不到日常的变化了，而是这变化随时在发生，而是我们已经习惯了在改变中的生活。西青如此，天津如此，乃至整个中国，也是如此。我们是变革中的一代，是习惯变革的一代，也应是领导变革的一代。

也许某天，当我们面对我们的晚辈的时候，现在我们感觉到的幸福，在他们看来也是落后，甚至是苦难。但这并不可悲，甚至是我们努力的方向。因为父辈用双手创造了这40年的沧桑巨变，而继续建设中国的责任，已经传递到我们这一辈，我们要做的是让这个世界继续向更好的方向去变革。

打开窗子，看到即将完工的117大厦，就在眼前，耸入云霄。也许，它一旦完工，便是西青乃至天津的地标。但它真正的意义却是记载时间的坐标，是改革开放40年的时间坐标。等到50年、60年、70年后，我们再去看这个世界、看中国、看天津、看西青，那时的地标和时间坐标，我们现在无法想象，但我们确定，它出自我们的双手。

关增社： 1953年10月生人，河北省藁城区增村镇东姚村人。天津市作家协会会员，中共党员，大学文化。有《躬行集》《远望集》《当兵的那些事》《军旅往事》等书出版。现任天津市西青区关心下一代工作委员会常务副主任。

天津人喝水那些事

关增社

“自来水腌咸菜，恒大烟见抽不见卖，汽车没有骑车快”，这句 20 世纪 70 年代流行于天津的一句顺口溜，被老天津人幽默地称为“天津三大怪”。

我 1972 年参军来到天津，对又苦又咸的自来水记忆犹新。当兵后的第一个星期天到红桥区河北大街 404 号走亲戚，就品尝到了一碗没有加盐却又苦又咸的鸡蛋汤。亲戚是南开大学毕业的高才生，他告诉我说，19 世纪末，自来水被引入天津，但因为海河受到海水倒灌的影响，天津的水质苦咸，特别是 20 世纪 70 年代，不少市民发现自来水格外咸，“那时的水熬稀饭自然就是咸饭，水无法用来沏茶，甚至洗头之后，头发都会粘在一起，不过还没有到能腌咸菜的程度”。那些年，我们连队每年冬天都要腌十来缸“雪里红”，只要放盐，就咸得没法吃，吃时得反复用水清洗多次才行，而不用放盐腌泡的“雪里红”，咸淡味正好。看来海河水的“自来水腌咸菜”确实存在，只是程度不同而已。老天津有句俏皮话，一个人没事到处瞎逛，就说他是“海河水——咸流儿（闲溜）”。

1981年夏秋，华北遇到了半个世纪以来最严重的干旱，天津遭到历史上罕见的水荒，面临断水的危险。号称“九河下梢”的天津，南运河、北运河、大清河、子牙河和永定河，这五条河在天津市区三岔河口汇入海河，经海河流入渤海。上游的河流已基本断流，天津来水失去了源头。

西青区政府所在地杨柳青镇，赖以生存的子牙河也早已断流，自来水厂供水只得抽取含氟量高的地下水，人一旦长期饮用这样的水即会使牙齿变黄。那时，老塘沽区因饮用高氟水，流行的是“自来水腌咸菜、大黄牙呲在外、摆个砖头能买菜”的塘沽“三大怪”。同样，杨柳青也为高氟水而苦恼。

那年，北大港、团泊洼、于桥等为天津供水的几个大型水库，水位也已降到死水位以下。地下水因抽吸过度，会引起地面继续下沉，不能再抽了。海河成了天津人民赖以生存的唯一蓄水池，而蓄水量总共才3000万立方米，其中能用的水量仅1000万立方米。天津要维持正常生产和生活，每天需要180万立方米水。这点苦咸水只够用一个星期。海河水位只要再降20厘米，连又苦又咸的水源都彻底断绝了。

1981年9月，党中央、国务院及时批准上马了引滦入津工程。1982年5月11日，引滦入津工程正式开工。工程是从潘家口水库引水，穿燕山山脉，使滦河水输入天津，全长234千米，包括隧洞、泵站、渠、桥闸等工程113项。在200多条断层中修建一个引水隧洞，引水隧洞及进出口工程总长12.39千米，其中洞长9.66千米，隧洞高6.25米，宽5.7米，这是中国最长的一条水利隧洞，也是引滦入津的“卡脖子”工程。铁道兵某师和我当时所在天津驻军某部主动承担了其中7210米的隧洞施工任务。在整个引滦工程中共有22名战士献出了宝贵的生命，其中就有17名战士是在打通引水隧洞时牺牲的。

当时，在引滦工程最关键的时刻，天津市700万人民也纷纷行动起来，以自己的实际行动来支持引滦工程。据有关部门资料统计，仅当年参加义务劳动的就有20万人。

在那个激情燃烧的年代里，整个引滦工程工期只有一年零四个月。1983年9月11日，水站里终于流出了甘甜清澈的滦河水，这一天也成为引滦通水纪念日。引滦入津工程缓解了天津市的供水困难，改善了水质，减轻了地下水的开采强度，使天津市区地面下沉情况趋于稳定，更重要的是结束了老百姓喝咸水的日子。当时的天津市委、市政府为了让市民享受到滦河水泡茶后的清香，通过居委会给每家每户发了一小包茶叶，请市民喝茶。

1983年的引滦入津工程，只基本解决了市区人民的吃水问题。西青区除了中北镇、西营门街、李七庄街三个街镇在市区的村外，大部分街镇村并没有喝上滦河水，街镇村的饮水，主要还是靠地下水和有限的一点儿子牙河水。天津地区地下水普遍高氟，西青区区政府所在地杨柳青镇，是历史传说中出美女的地方，因饮水问题，却造成了“大黄牙呲在外”的也比比皆是。

尽管滦河水源源不断进入天津，但天津依然缺水。20世纪末开始，天津开始进入连年干旱，紧急缺水时，便启动方案，从沿着黄河之北的大运河及其平行河渠，将黄河水调入天津。引黄济津工程于2000年10月13日开始向天津开闸送水，到2014年，天津曾7次引黄入津。

2014年的春天，中共中央总书记习近平主持召开京津冀协调发展座谈会，明确提出京津冀协同发展的重大战略。“京津冀”乘上全面深化改革的春风，被注入前所未有的“国家动力”。协同发展，水利先行。水利，既是协同发展诸要素中的一个部分，又是整体协同发展的基石。在党中央的关怀下，2014年12月27日，长江水正式进入天津。中心城区、环城四区、静海区以及滨海新区部分区域居民用上引江水，供水区域覆盖14个行政区、1200平方千米，约910万市民从中受益。全市形成了一横一纵、引滦引江双水源保障的供水格局。实施引滦入津、引黄济津、引江入津工程后，西青区人民吃上了引江水，解决了饮用水难题，同时也解决了西青人饮用高氟水的问题，从此，新生一代也杜绝了大黄牙问题。

如今的天津，滦河水、长江水、地表水、地下水、再生水、淡化海水，可使用的水源多达 6 种。从根本上解决了天津这个千万人口大城市的用水问题，“自来水腌咸菜”的历史一去再也不复返了。

孙红：《天津日报·聚焦西青》编辑，天津市作家协会会员，全国书香之家代表，天津市阅读之星，作品有小说《大唐宫怨》、散文《夜行古镇御河畔》、诗歌《独角戏》等。

运河湾处杨柳青

孙红

津城西。她注视着四面八方、来来往往、晨曦夜幕，仿佛在静静与这个世界对话。而人们看到的这些，只不过是时光这位神奇的写手逐渐呈现在世人眼前最著名的一组前奏罢了。

……

沿京杭大运河向西南行进 15 公里，有一座活色生香的文化重镇。风光灵秀，宁谧祥和，建筑精美，雕梁画栋，文脉昌盛，一派斯文……再加上大运河穿流而过，更为其增添了婉约与妩媚的腔调。她有一个诗情流转、微笑向暖的名字——杨柳青。

沿运河溯游，两岸绿柳依依。遥想当年，时光许是这般鲜活——船工的号子，一嗓接着一嗓；纤夫的脚印，一窝挨着一窝。放纵雄性的音域，高歌大运河的慈爱与温柔。岸，是耳朵，赏析着迷人的杨柳小调，也倾听着柴米油盐酱醋茶的俗人歌。炊烟袅娜，羞涩的榆钱儿和傲娇的槐花儿都能入味！粗茶淡饭，温热可口。粗布麻衣，干净利落。斗屋陋室，一尘不染。这日子啊，有温度！或咸或甜或苦或辣地演绎着枕河人家的勤奋辛劳与丰收喜乐。

水墨，石青，朱砂，藤黄，赭石，雀蓝，洋红，一抹一抹。这些矿物和植物颜料被用来彩绘闻名世界的中国杨柳青木版年画。画纸忽闪忽闪，一鼓一鼓。斑斓的色彩和翔实的图案，是辞旧迎新的盛典不可或缺的吉祥物，更是寻常人家里长开不败的似锦繁花。这些精灵给人间带来美好，静谧中又满溢着摄人心魄的魅力。绘画的精致与细腻，也是这里人文艺术的巅峰之作。人们竟然可以把如此的画面定格在方寸之间，分明的层次，深邃的纹理，连贯的画面，都彰显着精湛的技艺，美妙绝伦。勾，以墨勾图，构造图案，塑立形象；刻，以刀代笔，在杜梨木上刻出喜庆祥瑞；印，鬃刷蘸墨，棕耙拓印，墨线精致；绘，上粉色，染天地，点脸眼，描白花……道不尽的人生百态，绘不完的百态人生。如今的千年古镇杨柳青依旧画庄林立、字号满街。有人依古法传承技艺，有人开始探索求新。毫无疑问，杨柳青人始终以清洁刚直的人文精神锻造着属于千年古镇的风骨与德行。

这里是一座中国传统艺术的宝库，她的美来自精致的笔触，纵然岁月荡涤，每一个柱子，每一个窗棂，每一块砖雕，每一蓬垂花，都非常精细地雕刻着；每一个线条，每一抹色彩，或长或短，或素或艳，无一处遗漏。这是人们用世世代代的心血造就的视觉盛宴。所有的元素都和谐有力地相互造托出人们向善意愿的美好表达，她的伟大在于拙朴又唯美。纵使季节变换、时间更迭，当年的风雨故事依旧为人们娓娓道来。

有人说，流动着的大运河就是流动着的文化。兼收并蓄，博采众长，精益求精，开拓创新，处处彰显着古镇的包容之美。铁马悲歌入梦，桨落帆扬跋涉。汗珠子摔八瓣儿，迎了南来送了北往，熬了寒冬苦了盛夏，漕帮的排子叉了又叉，商帮的裤管儿磨了又磨，小日子里的春光明媚似乎就镶嵌在这波澜不惊的时光之中……

柳口的疼不在表，抽丝也无用，那是深深锥了大地的心头肉。柳口的痛不因钝锐，情伤，情殇！

给予追逐的翔鱼以劈波斩浪的勇气，赋予壮硕的汉子远航的智慧和胸纳河川的气度，赠送天水一色的美好于静待渡口帆影的思妇……流淌着的运河水，从未沉沉睡去，而是以她的轻盈喜闻乐见着沿岸的朴素与旖旎，又以她的悲悯之心疼惜着每一个生命。都说杨柳青盛产美女！这美啊，不止在皮，更在风骨，就像这古镇——美而不妖，媚而不涩，细嚼轻吐着大运河的过与往。

听，是谁醉卧舟中吟唱？

“村旗夸酒莲花白，津鼓开帆杨柳青。

壮岁惊心频客路，故乡回首几长亭。

春心水暖嘉鱼味，海近风多健鹤翔。

谁向高楼横玉笛，落梅愁绝醉中听。”

……

在这里，可以体会到无处不在的风物民俗的奥妙内涵，可以阅读到华夏文明纯粹又拙朴的精神密码，也可以沉浸在日升月落、云卷云舒之间寻找内心久违的那份平静，还可以深入探寻农家生活世代传递的幸福秘密。

这里的三百六十五天，想来都是完全不重复的。调理怎么样的精神色彩，勾勒怎么样的岁月更迭，记录怎么样的心灵笔记……

在这里，人们的生活虽然缓慢又低调，可是他们只要看到来访者就会露出纯真的笑容，浓厚的乡音里满满地跃动着热情的符号。坦荡、善良、睿智与情怀，是杨柳青人千百年来传承的品质。

在宁谧的庭院之间，树木草丛茂密地生长着，墙头瓦上疯狂着时间肆虐留下的痕迹。这里所透出的神秘感绝对是罕有的。一旦进入，远离城市的喧嚣，就会感受到她的神奇力量与慑人心魄的历史风骨。若能想方设法穿越时光隧道，一定会发现永远有一种讲述正涓涓而流，而且永远不知道她的魔音会如何引领着人心的万条走向。

远远地看，她是静立在运河岸边的悠悠古镇，恬静安详，又似喜怒不形于色。这份虔诚如同守护者，守护着这里的所有秘密。当你真的置身其中的时候，思绪一下子就乱了，反复地梳理，冷静后静下心来再抬头的时候，这里又多了一重思考。

李珍奎：1953年12月生人，天津市西青区辛口镇第六埠村人，职业高级中学教师，2004年开始文学创作，喜欢读诗作诗，兼写散文、小说，曾有作品发表于《诗刊》《散文诗》《天津文学》《天津诗人》《支部生活》《天津日报》《今晚报》等报刊。也有诗被收入《天津现当代诗选》《2011天津辛卯诗选》等。2009年出版诗集《李珍奎诗选》，并获当年全国鲁藜诗歌大赛三等奖；2014年出版诗集《与时月同行》。现为天津市作家协会会员，中国华文作家协会会员，天津市西青区政协文史资料工作专家。

第六埠，家乡的八百亩稻田

李珍奎

（一）

第六埠村在西青区的最南端，临子牙河、大清河、独流减河三河交汇处而踞，不乏逝水。原本子牙河、大清河曾经历洪涝年代，上游定是暴雨成灾，灾流湍漩直下，自太行山脉而来，流经冀域，皆集减河顺势而向渤海，而却先在第六埠村下东淀形成闹水。彼时波浪浩瀚，一望无边，整个东淀，时成汪洋。如此，第六埠村人总要等上一些时月，待到洪水落去，田野铺陈大片的土地变得滋润了，肥沃了，大家赶紧秋分时节平墒播种，保证来年的小麦丰收。

第二年，东淀麦子真的一片大好金黄。丰收的时候来到了，那时的生产队的社员们个个精神十足，急可可地迎接三夏（即夏收、夏种、夏管），实际上是盼望早日缓和和结束缺粮的饥荒。

俗话说："芒种三天见麦茬"，人们只要在天上听到斑鸠儿那么一叫，便都"嚯嚯"地磨起镰来，个个摩拳擦掌，只跟着队长脚步到地里抚摸和掂量几回麦穗。大家说：队长，都熟有九成了。队长说：差一成也不行！于是社员们都各自回家呵斥屋里不断喊饿的孩子们，说：连几天的饿都忍不住，以后怎么能有出息？再等几天！谁知这几天大家就觉得很长，但该来的也来了。队长发下话来："明天开镰吧，先割风水地的那几十亩。"命令一下，社员们疯了似的扑向风水地"嚓嚓嚓，嚓嚓"，一天时间割下的麦个子（麦捆）便几车拉到了场上。男人们在地里收割，女人们在场里破麦个子（拆麦捆）、抖晒、翻场、碾轧、起堆、扬粒。粒扬净后，颗粒饱满。装袋入库，请示上级以后，就按口粮预分到户了。

随着村里磨坊早晚不停地忙活，磨工们加班加点把面挨家挨户磨了出来。整个村庄立时见炊烟袅袅，灶火燃燃。锅台的旁边早围满了几个兄弟姐妹，等锅一打开，孩了们早也盼晚也盼盼穿双眼的馒头终于亮相了。此时，手捧白花花软绵绵的馒头，一口咬下，那个香喷喷的滋味和感觉，真是一生最好的享受了。

这以上都是我亲身体会到的情景。其实，我也是曾经站在锅台旁等待馒头出锅的那些孩子们中的一个。现在我想：有许多的往事感觉总是不会轻易地从心底抹掉的。时至今日，多少年过去了，弹指一挥间，说到这里，我已是年过花甲了。

（二）

由馒头又突地想起稻米的事来。曾听到老人们说过，第六埠村在 20 世纪 70 年代初，本来是一水一麦的，年年来洪水，洪水落下，便年年种小麦。当然每年人们都不缺馒头吃。但社员们也奢侈不起来，就常常将细粮去换粗粮。记得 1971 年，公社的干部们秉承上级全面生产的指示，吩咐下边的生产队都要种些稻田。自从1958年之后,第六埠村已经十几年没有种稻田了,家家户户都已经几乎忘了稻米的滋味了。稻田种得要晚，插秧总在立夏前后，秧苗生长期间不能缺水，好在第六埠村本来是个不缺水的地方。因而那一年的稻谷种得十分成功。因为项目又是闲湿地植种，收获不算作交公粮的范畴，所以，社员们每家都分得了一定数量的稻米。

分得了一定的稻米，起初有的人家舍不得动用，觉得在年过节的时候才能吃，也有些经不得享用的人家，想不了那么多，干脆就把一袋子的稻谷扛到磨坊。当珍珠般的大米在灶锅里熟成以后，黏稠之中的香气冲腾而出，破窗而去，一下子就弥漫了四邻。

我家很长时间“按稻不动”。此时，我又长大了一些，虽然心里也免不得渴望打打牙祭，总是不好意思说出来。终于爸爸妈妈一番商量之后，在冬至的那一天才给我们脱了二三十斤的大米，焖了一锅的米饭。那次米饭我记得母亲是按定份分给我们的，不能随便吃。可以说吃那次米饭的感觉就真似品味珍馐一般，即使现在也说不准如何的一个清香。改革开放多少年了，我们早已习惯了，我们吃过了多少稻米，包括天津小站的稻米，包括辽宁盘锦的稻米，或者其他的香粒稻米。可在我的印象之中，无论如何再也没有那一顿米饭的回味。

后来，我记得那些无脱的稻谷都在生产队里统计，集在一起去西乡换来了许多的玉米、高粱及其红薯，一斤稻谷可换二斤玉米或者三斤高粱或者五六斤红薯，为的就是保证队上社员各家全年都有粮食吃。于是大家都打算着来年再多种些水稻，跟队长说，队长也很同意。

谁知，这一年还没过完，生产队里又开会传达了上边的指示，说要各生产队都要抓好粮食的增产增收，庄稼产量要“跨黄河，过长江”，夏种要种杂交玉米，要种杂交高粱，因为杂交能提高粮食产量。而水稻则不可再种。

（三）

今年的中秋时节，这段以往的岁月逝去已有半个世纪，改革开放也有四十年了，我们的国家日新月异，蒸蒸向上。而今，

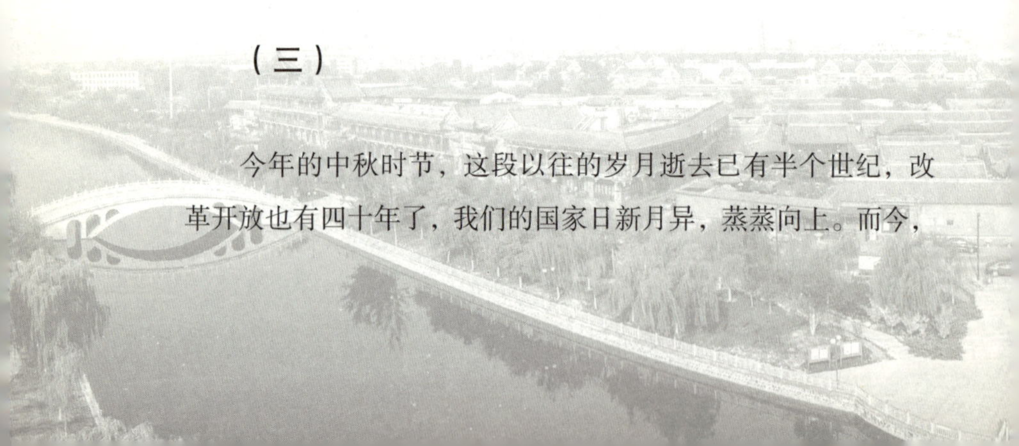

中国梦的理想也无时无刻不在激励着我们每一个人。就在回家看看的时候，意外地听说我的家乡第六埠村又种起了水稻。那一天，村里广播让年过七十的老人都到村委会领取螃蟹，说是稻田地里养的蟹。仔细了解，原来在第六埠大清河河南的地里由村委会种植了大片水稻。在大清河河南种植水稻，是第六埠村委会的一个开发，大清河水原本丰裕，流经的岸边也无污染，清澈透明，真是太适合种稻了。其实，大清河水以及大清河南面土地，那是我少年时代最熟悉的地方了，现在听说种了水稻，当然更有一种亲切感油然而生。我便想起了少时吃过的那一次大米饭，那一次记忆中最深刻的家乡稻米香，总觉得犹在昨天。于是，我决定亲自到那里去采访，再看看久违的大清河，再看看久违的大清河南的那一片滩地。当我来到那里的时候，那里带给我的是震撼与惊愕，时至花甲之年的我还从未见过这样大面积的水稻种植，只见眼前是望不到边际的田园景色。此时，轻风徐徐，天高气爽，置身于一派金黄穗熟的生态之中，真有“喜看稻菽千重浪，遍地芳香扑面来”的不尽感觉。

在稻田的路旁向北信步走近大清河岸边的农场，一排齐整的水泥平房，正中的门旁挂着农场的名牌，上刻“天津六埠田园生态农业科技发展有限公司”，见有人来，农场负责经理郝强迎接我进屋，听我说也是第六埠人后，便更多了十分的热情。郝强年纪而立左右，身材适中，自有十足的精气神。一番寒暄之后，话题就进入采访内容，郝强说：开发和整理大清河河南滩地，进行湿地水稻种植，是 2017 年第六埠村委会在调整农业产业结构，打造新基础环境，实施农产业升级的一个发展规划目标。去年确定为 180 亩 的稻田试种，随后村委会便组织有关人员进行了多日的清草、整地、灌水，奋战 20 天，后来又从宁河购来了津原 28 号与津原 47 号优良品种，育苗插秧，聘请了种稻专业人员指导机械操作等。3 月 27 日整地，5 月 18 日插秧，9 月 29 日收割。一个月后，第六埠全村的村民按人口都分到了大米。郝强接着说，去年的稻谷种植其实面积不过 180 亩，却意外获得了丰收，并且稻米的口感与品质经过专家的鉴定也属上乘。试种成功使村委会坚定了扩展的决心。今年的规划目标确定为 800 亩，于是成立发展有限公司及所属稻植农场，同时购置现代化专用机械，提升科技种植能力，并增加了津原 89 号优良品种。

说话之间，这便已是 2018 年秋末了，800 亩稻谷收割在即，收获人员已经到位。看着郝强说话的劲头，一副蛮有成就感的样子。其实，现在人们吃饭也多是细米白面了，米饭已不再是稀罕的食物，但是对于第六埠人来说，吃到家乡生产的大米，滋味能与吃别处的米一样吗？

自然，我也要为家乡又产大米而欢欣，一种亲切不断地在我内心里涌动。当我和第六埠村的村主任郝庆水交谈的时候，他也对我说：大清河河南滩地进行稻田的扩种，就是要让水稻种植成为以后村里的支柱产业。我便替他计算了一下今年的收成，种植 800 亩，每亩稻谷产量 1200 斤，出米率为 70%，那么 800 亩的产量将会出米 67 万斤左右，若折合每斤 4~5 元，就是 300 多万元的产值，扣除成本、劳务费等，无论如何也得纯利润 200 万元左右，何况水稻里还要养蟹、养鱼。说到这里，郝庆水笑了，笑得十分开心。他说：今年是改革开放四十周年，800 亩有了好收成，就算我们献礼了。当我问起明年的打算时，他坚定地说：“发展才是硬道理，明年起码要过千亩！”

2018.9.20

李焕丽：1977年12月出生于天津市西青区杨柳青镇。现为《天津日报·聚焦西青》编辑、记者，长期在新闻一线从事采访工作、撰写新闻类稿件，并在《天津日报·聚焦西青》《今晚报·今晚西青》发表了多篇反映西青历史文化题材的文章。

“百年枣乡”张家窝

李焕丽

在西青区的中部，有一个全国文明村镇——张家窝镇。

远看这个小镇，是一幅画，郁郁葱葱中点缀着繁华；近听这个小镇，是一首歌，铿锵旋律里交织着和谐。如果你走进这个小镇，那她就是一缕香，那是“百年枣乡”中飘出的枣香。

早在清雍正初年，张家窝镇种植枣树的面积就已达万亩，各村枣林连绵数十里，形成了“入村不见树，但闻枣花香”的枣乡盛景。每到初夏枣花盛开期，不与群芳斗艳的枣花，顶着小小的、嫩嫩的花瓣，远远望去，似乎只是颜色浅淡了的叶子，但花香袭来，方知它是枣花。

因为地处华北平原，地势平坦开阔，属于典型的暖温带大陆性季风气候，所以张家窝有着得天独厚的枣树生长环境。再加上当地村民长年种植枣树，每到鲜枣成熟期，大家肩挑脚撵往周边村镇市集贩卖，这项收入逐渐成为各家重要的经济来源之一。

记得小时候，每到秋天，总有个蹬着自行车、侧面跨着大筐的中年人，一边奋力踩着脚蹬，一边大声吆喝“卖枣喽！刚棒下来的大枣，不甜不要钱啊！”等他骑进了我们的胡同，便会停下来，一边继续吆喝，一边等着我们跑回家找父母要些零钱去找他买枣。那时并不知道张家窝离我家有多远，只是从他和爸爸的攀谈中，得知他来自张家窝的哪个小村子。

而每到春节前采购年货的时候，各种枣类小吃更是不能少。那时，我和姐姐总是跟在父母身后，遛着比平时更加热闹的集市，肆意买着平时舍不得吃的零食。姐姐喜欢吃嚼起来“嘎嘣”响的脆枣，我喜欢吃甜滋滋的蜜枣，还有醉枣、枣干、枣糕也不忘买一些回去，一点点品尝。

这一片片的枣树，每年收获的不仅仅是脆甜的大枣和各类好吃的枣制品，还有多少人的回忆，以及村民们用大枣换回来的家用。所以在这里，越来越多的人种起了枣树，家家屋前屋后都会种上几棵，村民们的种植经验日渐丰富，收获的枣子越来越多，枣树品种也由最初的快枣、二秋等地方特色品种，扩展到了冬枣等水果品种。如今张家窝镇的枣树种植，更是在“优质才能优价”的理念下，大力发展无公害冬枣种植，而且全部枣林都已通过了品质认证，以冬枣为主的水果种植已经成为张家窝镇农业的主导产业之一。有了这些综合因素，越来越多的枣树在张家窝扎下了根，且这根越扎越深，越扎越久，到如今已将近有了300年的枣树种植史。

2015年春，作为民心工程之一的张家窝镇三期市政配套工程——枣林大道正式落成通车。这条长约5公里、宽40米的大道，连接起了南站科技商务区、农民居住区以及农业园区。路两侧保留了5000余棵百年以上历史的古枣树，其中树龄最长的大约300年，最短的也有100年之久。漫步于枣林大道上，春日里枣花飘香，秋季里硕果累累，枝头挂满红绿相间的枣子随风摇曳，沿红砖铺就的路就这么走着，心情自然放松、舒坦，眼中的风光可以铺满你的镜头盖、写生板、素材框。茶余饭后相约枣林大道遛弯消遣，已经成为周围百姓的一种乐趣。

张家窝镇非常重视对古树的保护，在示范小城镇建设种植新树的同时，除了在枣林大道两侧保留古枣树，还在丰产河绿化带保留了古枣树5000余棵，在11个农民还迁小区和部分公园，保留古枣树300余棵，在原来各村村台子上保留百年国槐、白蜡等古树90余棵。

作为远近闻名的“百年枣乡”，张家窝镇约有百年以上树龄的古枣树16000株。至今，张家窝境内还保存着近600亩连片清代中后期枣林，树龄多在200年以上，堪称华北地区枣林之最。

每年从5月中下旬到6月末，处于开花期的枣树身披绿装、吐蕊绽芳，远望如绿雾压顶，蔚为壮观。这十里花香不仅引来了附近的游客，也引来了天南地北的养蜂人。他们在这紧张的花期里，养蜂、采蜜，经营着自己的“甜蜜事业”。

去年6月初，我去张家窝镇采访时，在辛老路路边繁茂枣树蔽荫下的一间小木屋里，见到了来自浙江台州的养蜂采蜜人——应成军夫妇。每年的“五一”前夕，他们夫妇便来到这里养蜂采枣花蜜，直至枣花开败，他们就启程去辽宁养蜂采蜜，到8月份的时候再回到这里采百花蜜。这样的采蜜行程，他们夫妻已经走过了十七八年，而最初他们来到这里，就是被“百年花乡”的名望吸引过来的。他们养蜂采蜜的这片枣树林，大约有枣树百余棵，其中树龄高的在200年以上。在十数棵枣树围成的空地上，应成军放置了100多个蜂箱、上千个蜂巢。收集蜂蜜时，应成军没有我们想象中的“全副武装”，仅是戴了一个薄围纱垂到肩部的草帽，甚至是短衫露着胳膊、双手就“上阵”了。而那些蜜蜂就跟认识他似的，竟然也没有一只来蜇咬他，让我不禁感到神奇！难道这些小小的蜂儿，经过短短几十天的相处，就认识它们的主人了？应成军的小小养蜂厂，主要产蜂蜜、蜂王浆、蜂蜡、蜂花粉等，前来购买的顾客大都是朋友介绍来的，也有一些专卖店与他合作收购蜂蜜。据应成军自己估算，一个正常花期可以采花蜜3000斤左右，利润能达到3万元。

在这片不大的枣树林里，有8家像应成军这样的养蜂采蜜人。

“百年枣乡”引来了远方的采蜜人，枣香百年成就了他们的甜蜜事业。

逾万棵的古枣树，在近三百年的岁月里，深深扎根在这里的土地，春日吐着芬芳，盛夏遮阳送着凉爽，秋季更是枝头繁茂、硕果叠双。世代生活在张家窝的人们，早已熟悉了这百年的枣香，在枣香里享受着幸福生活与甜蜜时光。

杨仲凯：1975年生人，汉族，清华大学高级工商管理硕士，澳大利亚弗林德斯大学文学硕士，民建成员，高级职称。中国作家协会会员、天津市河北区作家协会主席、天津市政法系统文学创作协会副主席、鲁迅文学院33期高研班学员，主要作品体裁为小说、诗歌，同时也进行非虚构写作。

精武镇和卫南洼的变迁

杨仲凯

2018年9月间，天津市作家协会在西青区搞作家读书活动，西青区委区政府非常重视这次活动，不仅接待周详，还安排了好几个点位让作家深入西青去采风。西青区敞开大门，希望作家们了解西青、宣传西青。但是我事情多，组织的采风没怎么参加，要交什么样的稿子心里也没数儿，对于日新月异的新西青的发展变化也担心不是掌握得不多，就有些忐忑。

其实呢，西青区，对于我来说，是个深沉的地方，要怎么采风，要怎么了解，我要说的一定不是这些，而是对西青区变化的感受和对西青区深深的情感。对于我，西青区和别人不一样，西青区是我魂牵梦萦的故乡，说得具体一点，我的故乡是西青区精武镇。今年年初，我正在积累素材和体力，要用非虚构的手法写写我的故乡变迁，好吧，那现在就说说精武镇的变迁吧。

说起精武镇，不一定有人知道，但是如果说“精武门”，那恐怕是无人不知、无人不晓了。是的，这个精武镇，就是著名的精武体操会的创始人、民族英雄、爱国武术家霍元甲的故乡。

为了把精武镇的地理位置表述得更清楚一些，这里还要提到一个叫作“卫南洼”的概念。卫，是明朝时候设立的一种军事机构，驻兵的地方，用来保卫海防和京师，比如天津卫、威海卫。京津冀协同发展，天津作为北京的门户，首先是个军事机构，后来才逐步发展成为城市。民国时代天津的经济发达，社会繁荣，如果说起“天津卫”这个地方，有“吃尽穿绝天津卫”的说法，说起来，满满是自豪感。“洼”就是洼地、开洼野地。名满世界的南开大学如何得名呢？就是因为地处天津南边的开洼，所以叫作“南开大学”。所以“卫南洼”的意思，就是天津南边的开洼。现在的南开大学八里台校区所在位置是天津绝对的市中心，大学附近的水上公园是天津著名的风景名胜，实际上当年这也都可以算作卫南洼的一部分。这里说的卫南洼当年是绵延百里的地势低洼的荒地，荒地之中有滩涂、水汊、芦苇荡、湿地，土地贫瘠，大都是盐碱地，种庄稼不好好长，只能养芦苇。洼里十年九涝，有人趣称这里蛤蟆尿泡尿都能沥涝成灾。

在过去的天津城南，包括现在的西青区、静海区、滨海新区的一部分还有河北省的部分地方，都是大概念里卫南洼的组成部分，水面上飘扬着芦苇，地面上泛着可以看见的盐碱。而在西青区界内的精武镇和大寺镇、王稳庄镇以及越过独流减河的团泊洼那边，当然也都在卫南洼中。一直到现在，精武镇建起了西青郊野公园，在这公园内外，还能清楚地看见当年的图景。在过去相当长的时间，精武镇这边的人说起去天津市，都说是“上卫”，就是因为这里地势低洼，到天津去是往上走，所以叫作“上卫”。

精武镇，是从2009年1月18日经天津市政府批准，改名“精武镇”的，在2009年2月2日，还举行了挂牌仪式。精武镇的得名，跟精武会和霍元甲当然有关系，有这样的名人效应，不加以利用，确实是太亏了。这些年来，大到省市小到村镇，好多地方不是都在改名或者想改名吗？“思茅”直接改成了“普洱”，“徽州”改成了黄山，“石家庄”想改“正定”，有的改得精彩成功，意义很大，有的改得不伦不类，反而不美。

精武镇在2009年之前叫作南河镇，而南河镇的得名，是因为辖区内过去有一条南河，南河流域有小南河村和大南河村两个村庄。大侠霍元甲，就生于小南河村，当然，霍公元甲先生的墓地陵园也在小南河，墓地就坐落在后来建起来的精武镇的著名旅游景区中华武林园之内，在外地蜂拥而来的游客或者精武会的海外信众看来，那里是中华武林园，是霍元甲陵园，而在我，这里就是一座北方村庄。

精武镇有包括小南河和大南河在内的18个村庄。很早的时候，这里是静海县的老东乡，历史上经过多少次的分分合合，到 1958 年搞人民公社的时候，这 18 个村庄一部分属于天津市西郊区红旗公社，另一部分属于静海县团泊洼公社，后来大南河和小南河都曾经做过公社所在地，中华人民共和国成立以后，天津作为直辖市和河北省的省会还进进出出好几回，简短说吧，1964 年“四清运动”后，小南河公社和郭村公社合并成为付村公社，后来付村公社又和小卞庄公社合并，程村、边村划到了现在的李七庄街，青凝侯划到了现在的大寺镇，付村公社就是这 18 个村庄，这是 1969 年的事了。随着中国的改革开放，中国的政治经济体制不断完善，1983 年，和全中国的公社一样，付村公社也撤销了，改叫“付村乡”，1985 年，改名为“永红乡”，随后就是“南河镇”了，1969 年的付村公社一直到 2009 年改名叫“精武镇”，这方土地的管辖和地域没有发生过变化。

天津市有市内六个区，包围着城区，有“东南西北”四个郊区，就直接命名为“东郊区”或者“西郊区”。在 20 世纪 90 年代，东郊区改叫“东丽区”，西郊区叫作“西青区”，南郊区叫作“津南区”，北郊区称为“北辰区”，合称“新四区”。精武镇呢，在西青区的南边，在整个天津市的西南。

精武镇的东边挨着李七庄街和大寺镇，西边靠着的张家窝镇现在是天津铁路南站的所在地，日渐繁华。精武镇的北边现在被老百姓俗称“大学城”，这个大学城里实际上有三所大学，其中天津师范大学、天津工业大学完全位于精武镇之内，还有一所天津理工大学，在精武镇和李七庄街交会的地方。几所大学从天津主城区迁到精武镇之后，加快了精武镇的城镇化，几所大学校园原本是村庄和耕地，拆迁后，姚村、付村、潘楼等几个村庄的农民住进了楼房，和大学校园做了邻居。

精武镇南边临着一条叫作独流减河的人工挖掘的宽广河流，从精武镇中华武林园沿着现在宽阔笔直的“团泊大道”自北向南开车不到几分钟，就跨过独流减河到了天津的静海区。静海区就是原来的静海县（天津的所有辖县都已经升格为“区”）过了独流减河就是著名的团泊湖，是天津的一处著名的别墅社区，团泊湖湖面很大，一望无际，鸥鸟飞翔，风景很好，沿湖修有公路，是很好的自行车骑行地。还记得郭小川的那首《团泊洼的秋天》吗，现在的团泊湖就位于过去的团泊洼之中，过去的荒野中的洼淀水塘，现在成为富人区，过去人烟稀少的地方，现在反而成为“生态”保护区。我的少年时代，还多次到团泊洼去约会秋天，那时骑着自行车，往返一趟，好像跋山涉水，而现在开汽车，也不过是几分钟十几分钟的事情了。

我们来说一说精武镇的 18 个村庄吧，靠近独流减河的几个村庄，是过去的宽河流域，具体说来有 4 个村子，分别是陈台子、小卞庄、阎庄子、宽河。宽河现在是一个行政村，包括大宽河和小宽河两个自然村，过去有一条叫作宽河的河，是隋朝时候京杭大运河的一个分支，现在早已干涸了。沿着津盐公路（是当年天津到河北省盐山的一条路的一部分，还是宋哲元修建的）西侧为王庄子和牛坨子，东侧是孙庄子、吴庄子、南河工业区，沿着津涞公路（津涞公路，这里的人叫它为“铁道”，这条道路是天津通往涞水的，是 1970 年修建的。为什么一条公路叫作“铁道”呢？因为这是 1908 年津浦铁路的一部分，后来铁路荒废了，在铁路的路基上修了公路，所以人们还习惯叫这里“铁道”）从西往东为大卷子、小卷子、付村。镇南端是南河流域，有小南河、大南河两个村子。和宽河的情况差不多，南河也是京杭大运河的分支，在元明朝代就基本上干涸了，只是现在还能找得到河流的故道而已。镇北端是运粮河流域，从东往西为姚村、潘楼、郭村、刘庄、马家寺，共 5 个村子。这条运粮河也流入了小南河境内，现在也干涸了，但是运粮河留下了很多故事，比如董永和七仙女以及付老打鱼，这就要以后再说了。

在这 18 个村庄里，小南河的历史最早，它在宋朝的时候就有了，村庄规模也最大；其次是大南河，大约在元代有了村子。其他村庄的百姓大多是在明朝永乐年间“燕王扫北”的山西、江苏移民。精武镇的先祖大多是普通移民，但是也人杰辈出，比如小南河的马氏先祖和潘楼的潘氏先祖，都是明代有功的武将，大小南河村边氏之祖边维新曾任巩县知县和陕西邠州知州，玄孙边雨兰自比严子陵，几代从政并且都有文名。牛坨子牛氏先祖牛天宿、牛思凝、牛思任，父、子、侄三进士，就是到了当代，牛家还出了著名画家和演员牛星丽。

很有意思的一个语言现象在精武镇有明确的体现，一个只有几万人的小镇，竟然有两个方言的语言片，在这 18 个村庄中，小南河、大南河、付村、姚村这 4 个村子是天津方言片，这里距离天津市中心只有 10 公里之遥，所以说话口音和天津市区基本上一样，而这 4 个村子以外呢，就都是静海口音了。在很多问题上，我们无法精准地找到分水岭，但是天津话和静海话的区域分界线在精武镇可以精准地找到，姚村和潘溇两个村子都不算大，紧紧相邻，最近处不过几米远，但是姚村人是讲天津话的，而潘溇人的口音已经是静海味道的。村庄在过去竟然还有这样的分界作用，为什么会产生这样的情况，还需要进一步探究。当然，姚村和潘溇两个村子现在都盖起了高楼，都是在“大学城”之内，过不了多久，这种语言分界就将完全消失了。

千百年来形成的村庄的样貌将慢慢不存在了，取而代之的是崭新的楼房。很多人从文化意义上为此感到哀伤，其实也完全没有必要，时代总是向前走，这几天我接待了几位外地来津的朋友，邀请他们到杨柳青石家大院看看那时候的民居，也就是一百年的工夫，那时候的民居独具特色，现在看起来可以当作风景，这就是时代的变迁。而将来再回首，记忆可能通过各种办法留下来，但是很多事情是一定要作出改变的。

杨伯良： 中国作家协会会员，天津市作家协会签约作家，天津美术家协会会员，静海区作家协会主席。曾在省市级以上报刊发表小说、散文、诗歌、报告文学作品200多万字。代表作品出版有长篇小说《草民英雄》《掌门》，诗集《行吟集》，散文集《一年一个感叹》《石屋·石墙》，中短篇小说集《菊花青》等。

运河之光

杨伯良

运河在西青区拐了一个大弯，逶迤着奔往三岔河口与北运河见面握手。正是因为有了这一河碧流的滋养，西青大地便增添了许多诗情画意。

大运河在西青境内贯穿西营门、中北、杨柳青、辛口四个街镇，26 公里长；它的支流运粮河从明朝开挖，流经张家窝、南河、李七庄、大寺四个街镇，它的支流赤龙河、红泥河流经王稳庄镇。历史上，这九个街镇的大部分村庄都是在大运河以及它的支流沿河而建的。西青区的世代先民大多是喝运河水长大的。特别是杨柳青、辛口、中北、西营门、张家窝、精武六个镇，都是因运河而兴、因运河而盛。西青的历史、经济、政治，特别是在全市、全国乃至世界所独有的文化民俗，都是大运河的产物，是大运河孕育、滋养了这块人杰地灵的宝地。同时，西青的先民创造出的历史、文化、民俗，又为大运河文化的注入增添了独有的、不可替代的亮点和内涵，成为大运河文化链条中闪光耀眼的一环。

透过历史云烟，阅读运河沧桑，似乎看见艨艟巨舰、帆影重重、桨橹齐动、呐喊震天，似乎看见悲壮惨烈的刀光剑影、血雨腥风！似乎看见风急浪涌、波涛翻滚，似乎听到了呐喊、叹息。然而，眼前的运河却是那么平静，平静得如一首无声的歌、无言的诗、无字的书，阅读运河，就是阅读一轴两千多年的历史长卷。

运河，是一叶漫溯在岁月长河的扁舟，从古典诗文中漂泊而来，从民间传说中徒步而来。运河，在东方苍茫的大地，坚守着自己的轨迹，在平平仄仄的河畔，在东方浩然的上空唱着铿锵如歌的民谣，走出曲曲弯弯的航程，穿越了时光隧道，穿越了岁月更迭，迎来了新时代，迎来了新机遇。泱泱碧波，折射着西青历史文化的光辉，传诵着赶大营的传说、霍元甲百年的英名、杨柳青年画的故事……伴着运河的水声不绝于耳，回肠荡气。运河，古与今交汇的一脉清醒的水，令人拥有了滋润的言辞。喧哗的历史，印刻在人们寻觅的目光里，阵阵清风无言的诉说，穿越了高墙与屋脊，赋予西青荣耀与坦荡、繁华与衰败，体现着西青人漫漫跋涉的精神。

历经数百年的沧桑与历练，人们以智慧和勤劳创造并形成了西青运河文化。西青运河文化源远流长，内涵丰富，在西青历史发展的进程中闪耀着不尽的光辉。千百年来，大运河滋润着西青这片热土，促进了沿岸的经济发展、文化兴盛和社会进步，可以说，运河文化就是西青文化。西青有着光辉灿烂的历史，也有着光明幸福的未来。西青是一块历史悠久、文化荟萃的宝地，是一片人才辈出、群星灿烂的乐园。文化如水，润物无声，融合了历史积淀与时代精神的西青运河文化，已成为西青日新月异的力量之源。研究、借鉴西青历史，传承、发展西青文化，是每一代西青人的神圣使命。运河景观的规划与开发，对西青运河沿岸的传统文化进行深入挖掘整理，呈现那曾经的一幅幅浓墨重彩的文史画卷。展示西青的历史、地理、文化、教育、风俗、典故传说和人物及事件，可谓荟萃众美，通贯古今。运河文化带对于进一步挖掘历史文化资源，弘扬优秀传统文化，进一步丰厚西青的文化底蕴，为全区经济社会发展提供有力的文化支撑，激发人们热爱家乡、建设家乡的自豪感和自信心，更好地宣传西青，展示西青，必将发挥重要作用。

历史孕育了文化，文化反映着历史。古往今来，一代又一代勤劳勇敢的西青人民在这片热土上披荆斩棘，上下求索，创造了灿烂辉煌的地方文化，为人们留下了极其丰富的历史文化遗产。经过千百年来广泛性的融合，民间性的演绎，大众化的传承，西青运河文化形成了卓尔不群的风范、和谐精致的理念、开放包容的胸怀、融汇南北的风格，生动地诠释着西青运河文化的内涵和精神境界，这是西青运河文化长期浸染的结果，也是西青人民引以为豪的宝贵精神财富。运河文化更是西青文化的根基和源泉，生动地承载着西青的文化生态，赋予了西青文化的独特魅力，让西青因此对外界构成持续的影响力和吸引力。可以说，西青运河文化为打造新的西青卓越而兴盛的优秀人文底蕴奠定了基础，在整个西青经济与文化发展中闪烁着独特的文化光彩。

文化是一个地区的源流、灵魂和神韵，是历代人民创造文明、传承文化的轨迹。挖掘西青运河的文化资源，彰显西青文化底蕴，对于加强西青文化建设、塑造西青新形象、提升西青知名度，提高广大人民群众对本地区文化的认同感、增强西青的凝聚力，具有重大而深远的意义。长期以来，一些文化的传承仅限于口耳相承，流传面越来越窄，一些有价值的文化现象已经失传，特别是随着城乡现代化建设的飞速发展，一些文化正在逐渐消失，作为文化符号的西青运河文化，更多地承载了传承历史的责任与使命。因此，挖掘、保护和传承西青运河文化就显得日益迫切。西青区积极倡导运河文化的保护和开发，组织力量对运河文化进行深入挖掘、整理，对运河沿岸丰富醇厚、历史悠久的运河文化进行充分解读，为人们提供一个领略西青运河文化神奇与美丽的视角，为理清西青运河文化的发展脉络提供认识和了解的窗口。西青区全力打造运河文化发展带，采取市场化方式，引进总投资1000亿元的华侨城运河开发项目，对大运河西青段实施整体规划建设。据介绍，西青区在保护好、挖掘好、传承好大运河文化的同时，建设文化旅游产业与市民文化公共设施高度融合的载体空间，打造展示中华文明的金名片。以大运河为轴，围绕沿线不同的地域文化，打造各具特色的精品运河文化带，其中有辛口镇农耕运河文化、中北镇海派运河文化、杨柳青镇古镇运河文化、西营门街现代城市运河文化等，形成以漕运文化、古镇风貌和田园生态为主题的运河景观。把民宿和客栈植入进去，把运河博物馆、运河水街、杨柳青的民俗文化、辛口镇的水高庄园等这些资源都利用起来，与生态观光结合起来，依照大运河人文复兴计划陆续建成以中北镇花卉之乡为主题、融会生态与艺术的花乡广场——美亚生态雕塑公园；以保护修复大运河生态、倡导都市绿色文化休闲为目标的大运河国家公园；以重现千年古镇文化“杨柳青十景”的元宝岛民俗文化公园。

秋风划破了千古明月，摇响了历史的风铃。运河沟通了南北大地，贯穿了历史与未来。运河，在西青文化的扉页里，书写着春去秋来的古典风韵。杨柳青这座闻名遐迩的历史文化名镇更加焕发出勃勃生机，现代化的气息扑面而来。它正在以超常规、跨越式的发展推动着杨柳青独有的文化，发生着日新月异的变迁。漫步在如诗如画的运河两岸，纵横的街道两侧，新楼座座，绿树掩映，店铺林立，经贸繁荣。街道两旁绿树鲜花、碧草如茵，街在绿中，院在花中，人在景中。

岁月流逝，沧海桑田，古老的运河给西青积淀了深厚悠久的文化底蕴，是值得永远珍惜的宝贵资源。新的机遇将会为西青插上腾飞的翅膀，让西青这片见证了历史风雨沧桑的土地更加靓丽多彩。

运河文化的底蕴滋养哺育着西青人的精神，丰富着西青人的目光。而广阔的西青大地，仿佛是运河飞舞的一撇，氤氲出生动的墨痕。那一个个被运河紧紧拥抱的村庄，显得那么祥和与安宁，散发着泥土的芳香。

此刻，风声过耳，如同一页鲜嫩的记忆，凝铸成一幅永不褪色的场景。此刻，天空中，一只小鸟扇动梦想的翅膀，穿过迷雾与朦朦胧胧的霞光，飞翔出一片广阔的天空。是啊，在运河的阔野里，人们铺平了心毯，尽享这尘世间的安然与向往。

何斌： 天津人，从警32年。表情严肃，说话幽默，阅历丰富。参与侦破各种案件上千起，对警界人和事如数家珍，被誉为“警察肚子，故事篓子”。曾在天津广播电台和《今晚报》做过节目和专栏“天津警察讲段子”。有人称奇，有人发笑，从白领到市井，皆欲罢不能，沦为“何粉”。

一位老民警的感慨

何斌

在青涩年华就当了警察的刘书明，很快就该退休了。他的从警经历说不上大起大落，却见证了改革开放的四十年。所以，老刘感慨系之。

最初的老刘在李七庄派出所。一个窄小的院落、几间漏雨的平房。全所民警十六位，负责十六个自然村。如今的天塔、曾经的环湖医院和现在的肿瘤医院，都曾是李七庄的辖区。

那时的管界十平方公里，民警下村全靠自行车。沟壑纵横的土路上，晴天一身土，雨天一身泥。抓嫌疑人有民兵配合，一个民警就带队去了。报批案卷只能坐公交，往返至少四小时。戴上手铐送嫌犯，求援工厂的大卡车。小刘往车上一站，照样威武雄壮，也照样一骑绝尘！

那时的民警分两班，隔日就得住在所里。这边处置喝酒打架，那边调解夫妻离婚；这边一门三兄弟闹分家彼此骂了个狗血喷头，那边两农户又因为引水浇地，双方争着抡起了铁锨。

人们也就常能看见小刘他们，个个口干舌燥的，忙得昏天黑地。哪有民警食堂呀？半兜子干面条，一坛子炸辣酱，开水一煮，就是一顿，开水再煮，就是一天。一间宿舍 8 平方米，却要住进去六个人。年轻人的臭球鞋，因为忙也因为懒，开门的味道可想而知。冬天的炉火常被疏忽，脸盆总能被冻成个冰坨子。

尽管日子清苦，却还是被大家过得有滋有味的。关键还在于，那时的年轻人都很单纯。既然当民警，就得把民警当好。既然想干好，就是一辈子。领导如果指东，咱就绝不会打西；领导让咱逮狗，咱就绝不会抓鸡。一门心思，就是干活。偶尔休闲，笑语欢声。因为嘛？因为每个人心里的神圣感。咱是干吗的？咱是警察！

七八个半大小子喝酒闹事，扬言还要杀七个宰八个。只见小刘赶来高喊一声："停！"饭馆立马就静场。（我是）派出所的，排成　队跟我走。眼看着，队伍就静静地走远了。那时的民警，就这么牛。

那年腊月的一个后半夜，长征砖瓦厂的财务室被撬了。所长说，小刘你先去看看。棉鞋棉帽棉大衣的小刘，跨上自行车就去了。北风呼啸，狂奔了一小时却是一路大汗淋漓。厂领导说："没想到你能来得这么快！"小刘却说："我是开火车来的。

您看咱这锅炉，呼哧呼哧的还没熄火呢。”

锁定的嫌疑人逃往山东，小刘就带人去了山东。那边电话人赃俱获，这边的新媳妇却找上门了。哦，小刘去山东了。嗨，怎么也没说一声？但是媳妇能理解，因为老公是警察。再说，那时既没微信也没手机，既没传呼更没家庭电话。如果老公临走写封信，别说时间来不及，就算他真写，也就成了千年笑柄了吧？

也别光说咱李七庄所，那时的分局又能怎样？分局领导下基层，还不是自行车后边夹个铺盖卷？ 杨柳青到王稳庄一百多里地，跨上铁驴就是半天儿！连吃带住忙几天，再夹着铺盖回分局。那时的西青分局，就一辆美国吉普和一辆送犯罪嫌疑人的囚车。除此之外，全凭大腿。

后来调到了刑警队，小刘也就逐步走向了老刘。办案多数还骑车，队里却增配了两辆挎斗摩托。开摩托遇上夏天，顶多戴个墨镜，遮阳。遇上冬天，只能把棉大衣反穿，挡寒。但吃饭有了专门食堂，宿舍也从平房变成了楼房。刑警们配备了传呼机，后勤保障也升了级。

再后来，老刘又被派到了大寺当所长。楼房又变回了平房。八间旧平房，宿舍兼办公。大寺的宿舍水平，低于刑警队却高于李七庄。只是地面墙面都渗水，大小老鼠满场飞。但老刘在那个阶段，却真真切切地感受到改革开放的热潮来了。

招商引资大兴土木，大寺几年就变了样。日本的日新公司和韩国的三星电子率先登场，公路通了，街灯亮了，派出所的更新改造也就排上了日程。这么说吧，过去算上院子最多300平方米。这回单说楼面就变成了2000平方米。独立的值班室、独立的接待室、独立的办案区和独立的会议室；宿舍两人一间；办公采用工位制。告别了苍蝇老鼠，也告别了蚊香和蚊帐。汽车和摩托车多了，领导们还配上了手机！

但是，有困难找民警的110报警机制，也就扑面而来了。毕竟，大寺是西青的第一个开发区。而且，流动人口很快就超过了固定人口的一半。人口密集，案件增多。不过，老刘手下的人也多了，枪也多了，汽车多了，手机也多了。更令人欣慰的是重点地区和重点点位的视频监控，犹如雨后春笋般也多了起来。尽管这样，老刘在大寺当领导的那六年，的确也是他从警生涯里，最苦最累的六年。

偶尔一天接儿子，直到学校关了大门，老刘也没看见儿子的身影。赶紧回家问媳妇，孩子呢？媳妇说，孩子早回家了。原来，是儿子多年以来就习惯了出校门就找妈，根本就想过男家长的人堆里会有他爸。前几年，老刘媳妇还对学业有成的儿子说，你现在学业有成，跟你爸一点儿关系都没有。如果说功劳，应该都是我这个当妈的。还记得你爸唯一到学校接你的那次吗？儿子当然记得，更记得当年的老爸，那一脸尴尬的表情。

不过，如今的老刘还是挺欣慰，曾经的李七庄派出所，早就成了西青乃至全市都能数得上的大所了。如今的刑警队，早就有了自己的新大楼和两位数的警车。还别说遍布大街小巷的视频监控系统，那简直就成了高悬在犯罪分子头上的一道天网。这么说吧，咱西青管界的发案率，比以前降低了近三分之一。破案率，却是芝麻开花节节高。

也许老刘真老了，所以老刘常感慨。但是，老刘也总能流露出前所未有的兴奋。因为，西青在改革开放的这四十年里，的确发生了翻天覆地的巨变！巧的是，这也正是老刘从穿上警服开始，直到退休的四十年。再联想他当年吃的那些苦和受的那些罪，老刘一笑置之。

张建明： 居天津市蓟州区。河北省签约作家，鲁院河北青年作家高研班学员。天津市作家协会会员，天津市蓟州区作家协会主席。在《诗刊》等报刊发表作品100余首，曾多次获奖，作品被收入各种选本。著有诗集《子规声里》。

杨柳青画里画外

张建明

宁夏女作家胡静说：我不想回去了，我要留下，要留在这儿，让他们两个（同来的宁夏作家）回去吧。这话有开玩笑的成分，但也足以证明西青的魅力，美得令人流连忘返。

老话儿说：先有杨柳青后有天津卫。围绕着大运河应运而生的西青作为天津的重要发源地，不仅记载并传承了大运河两岸漕运文化、手工业艺术文化、近代工业制造业文化等精髓，历史长河中的西青更是担负着承前启后的作用。

在我的童年中最为深刻的记忆当属过大年。进入腊月二十之后，家家开始扫房，曰：扫旧。早起把扫帚绑在头天就踅摸好的长木柄上，木柄要光润，刚好手能把得住。然后屋里一切东西拿到屋外，顺便搭在纤绳上晾晒。把铺了一年的席子敲打一番，敲去粘在上面的灰尘，也意味着敲打掉旧年的晦气。条件好的会在这时候换上新的席子，席子是用芦苇编织成的。芦苇花白，冷风浸过，芦苇被收割走，用刀子割开，压平，一张席子要几个人一起来编织，那时候村村都有这样的手艺人。但所编织的席子是集体的，因为芦苇是集体的，长庄稼的土地是集体的，不长庄稼的湿地也是集体的，那时候几乎没有一样东西属于自己。一张席子也就十几、二十几块钱，我记得小时候的猪肉用一块钱就能买够一家子人吃，但村子里没有一家人除了过年外能吃上一顿肉，一张席子会让一代人睡半辈子，并不稀奇。但这不妨碍人们对生活的热爱，没有什么可以挡得住人们对美好事物的憧憬。人们把扫房子当成一件节日来对待，人们对辞旧迎新格外看重，从房顶、檩柁、墙身、门窗从上到下清扫得格外仔细，边边角角旮旮旯旯绝无遗漏，旧年里的疫苦病痛、艰辛难过，统统被清扫、拍打干净。往墙上贴年画、往窗上贴窗花、窗檐门楣上贴红红绿绿唱乐（福字寿字剪纸，留有穗子，风吹舞之）要等到三十那天。门神要请哼哈二将，挡灾驱鬼。门框上贴着“日日财源顺意来，年年福禄随春到”；或者“迎喜迎春迎富贵，接财接福接平安”。反正是咋好就咋写。没有任何一种苦难可以压垮一个人心中的希冀。怀抱大鱼的娃娃多是贴在正堂，进门就能看到。中国人希望嗣后旺盛，认为有人就有希望，鱼多是喻“余”意，寄托着老百姓希望连年有余，取“大吉大利”之意。后来一段时间被开国大典油画所代替。开国大典的油画占据了山门，年画上的胖娃娃们就挪到北墙上，农村的房子都是向南而建，背风、采光好、亮堂，一切鼓捣妥当后家里就显得喜庆起来，心情开始跟着焕然一新。

年就开始了。

我这里要说的是，那时候过年家家要贴的年画均来自杨柳青。我最早认识杨柳青就是从年画，从抱着大鱼的胖娃娃开始的，年画成了杨柳青的代名词，和年画一起享誉津城的还有杨柳青的风筝和剪纸。早在 2005 年中央电视台首届“中国魅力名镇”评选中，杨柳青这个有着千年历史的古镇就荣获了“中国魅力文化传承名镇”称号。

九月，已渐进秋天，风赶走了燥热，天蓝如玉，云白似絮。西青宾馆外墙河是子牙河，远处小丛的植物似是芦苇，十几只白鹭站成一排，它们的样子高贵、安详、不染俗世的浮躁。水波荡漾，纹路很细，呈现着润物无声的包容和慷慨。晨曦，空气里充斥着香甜的味道，应该是昨日除草的青草的味道。因为季节还未到白露，未见露珠，但空气已是湿润。背向子牙河沿着一条小路向里，喇叭花已铺成墙，这种生命力极强的花，未必是为谁的欣赏才开，它们是被忽视的一种植物，却顽强地存在于任何角落，是属于在夹缝中活命的花，每时每刻为自己生命的展放吹吹打打，不为取悦谁，只为自己欢喜。其中那种深紫中浸着深蓝，我说不出的一种颜色（我曾询问过绘画的朋友，他说是靛青色），不明亮不张扬，夹在众多的粉色里，清冷中透着孤独。我用手机试着拍了几张照片，却没有一张能够把这些花的颜色拍得很正，没有一张能够把它们肆意的美给拍出来，就又一张张删除了。大自然的美放在大自然里看到的是生命的张力，选择中被取框的美只是一种形。毫无疑问九月是一年中最舒服的季节，然后我们就向西青区李健部长提出要求去杨柳青。来西青哪能不去杨柳青呢，杨柳青的年画几乎是我的童年全部的色彩。

杨柳青镇是西青区最繁华的地方，雕栏画栋、飞檐斗拱，色彩是中国传统的蓝、红、金。中国人的审美就是这样，从大俗中大放，然后以醒目的让人躲都躲不掉的浓郁的强烈的色彩冲击着你的视觉，呈大富大贵。大富大贵没有什么不好，从南到到北，历史中凡是中国人建的阁楼（也许不绝对），都喜爱这种富丽堂皇。比如宁夏青铜峡的黄河楼，湖北武汉的黄鹤楼。天津蓟州区的独乐寺，虽以青砖朱红阁楼为外观，但佛像仍是金身，四周壁画仍是以蓝、红、黄为主。据说每年的正月十五杨柳青都会举办民俗文化活动，晚上还会燃放烟花，并有大型灯展。在石家大院和杨柳青广场的周围游人们可以在街道上看到各种大型的落地灯笼，有杨柳青年画题材的样式，古典题材的美人图二十四孝样式，有卡通人物样式，吊钱喜字样式，各种灯笼层出不穷，每年都不一样。我在想：明年的正月十五我是不是要专程来一趟。

西青之行，因为时间关系，也只是走马观花，但已给人留下了深刻的印象。领衔天津高科技的 SEW 集团赛达传动（中国）投资有限公司，给我们演绎了自动化模型，我们还体验到康婷公司的现代化智能机器流水作业的先进性；电子数字在西营门街党群服务中心大放异彩，物质和精神的融合恰恰是最初的梦想；邓店村的变迁是整个天津从历史中迁移变化的代表。我更喜欢坐在村子广场公园里安详地享受着阳光。被微风吹拂着的人们，他（她）们和善的笑脸印证的是舒心，是安逸。这舒心和安逸正是人们曾经在往墙上贴“大富大贵”，贴“年年有余”，贴“金玉满堂”时的愿望。

走在杨柳青，从一家出来进入另一家，一家一家看店家柜台上放着的抱着大鱼的娃娃。小时候看，怎么看怎么觉得是一种召唤，现在看，怎么看怎么觉得是一种满足。历史中的大运河滋生了西青，而杨柳青作为千年古镇，从这里蔓延出去的不仅是年画，更是一种文化，一种情绪。

张秋铧： 军旅作家，中国作家协会会员，著有长篇小说《园中情》《太阳半张脸》《捍疆卫土张自忠》，中篇小说集《烟雨南运河》，长篇传记文学《走向和平》，心理文化随笔《贯通一生的心理手册》等。

一位老八路的家风

张秋铧

在天津市区的西面，有一个美丽的地方叫西青区，我曾多次到这儿串门、采风、观光。那儿不仅有我的朋友，而更让我心仪的是这里的地理位置、环境气候和人文氛围。

那是一个初夏的上午，天气并不燥热，满世界的绿一路呈现在我的眼前。迈出书斋，走出城区，心情放飞在广阔的原野，有一种透彻心灵的敞亮与清爽。

我来到向往已久的水高庄园，想领略庄园与别处不同的风貌。刚进大门，就见一队穿着红军服装的中学生，在一位老师的带领下，在河边的小路上快速地行进着。学生们每到一个炮楼前，每到一个长城垭口前，都要停下来，听那位带队老师讲一段当年红军长征的故事。

这支红军队伍穿过了丛林，涉过了草地，跨过了沟壑，来到一条很是宽阔的河边。带队老师整顿好队伍，站在队前对大家说：同学们，我们要过泸定桥了，大家要手拉手，稳稳地走，小心掉到河里。过了泸定桥后，我们到对岸稍事休息，我再给你们讲红军抢渡大渡河，飞夺泸定桥的故事……

我的视线一直没有离开他们，也尾随这队人马走了 8 公里。这就是他们的“重走长征路”活动。

休息的时候，我上前采访了那位带队老师。可他说，我不是老师，我就是西青区水高村的一个普通农民。我握住他的手，笑了。当今社会，凡有点成绩和名望的人，都说自己是个普通人。其实我们都是普通人。不管你是什么样的身份，都代表不了你的品格。在众人堆里，你就是个普通人。我问，你怎么想要在这里开展重走长征路活动呢？

他说：你瞧，我们这么大的一个水高庄园，有河有沟，有花草树木，平日城里来参观游览的人不是很多。我想，在不影响庄园正常业务工作的同时，还可以搞点有意义的活动。于是，我利用建庄园剩下的木板和砖石水泥，自己动手，垒起了炮楼、城堡和那座吊桥。我联系附近学校、工厂和本村的年轻人，带领他们搞活动。我给这个活动取个名字，就叫“重走长征路”。

嘿嘿，你别瞧不起这个活动，这个活动让小孩子们锻炼了身体，8 公里呀！连走带跑的不容易啊！更重要的是，还让他们懂得了红军走过了二万五千里，遇到了数不清的艰难险阻；前有堵截，后有追兵，死伤了多少人啊！我虽然不能带领他们真的去重走长征路，但在这个缩小了多少分之一的地盘上，让孩子们有点体会，有点感悟，也是好的。

我听了连连点头称赞。一个普通农民，却有这么高的觉悟，有这么深远的政治意识。长征时代早已过去，但长征精神如何发扬，这的确是个重大的政治问题。可是作为一位农民的他却想到了，而且践行了！我顿时对他肃然起敬。

这时我问："你贵姓，怎么称呼？"他说："我姓高，叫高乐。"哦，"高兴"的"高"，快乐的乐。嚯！这个名字很耳熟。早就听说他是这个村里第一个组织蔬菜生产合作社的人。

位于城郊的村庄，地里种植什么最合适？其实每个人都知道，当然是城里人生活最需要的水果和蔬菜。但一家一户的种植，除了地块的位置和技术条件外，更重要的是怎么把收获的水果、蔬菜及时卖出去。要是每家每户都到城里去卖，这运输成本和人力成本可就太高了，弄不好就会赔钱。这势必会影响农户种植的积极性。

那天，村里人在一起议事，说到蔬菜的种植和销路时，大家伙很是焦虑，七嘴八舌地说，要是我们自个儿拉到城里去叫卖，怕是赔不起工夫钱。是啊，城里人挑来捡去，一车菜只能卖出半车的钱，落得个赔本赚吆喝。这时高乐站出来，扔去手里的烟蒂说："咱们要组织一个专门的蔬菜生产、销售合作社，把蔬菜种植的质量搞上去，打开销路，争取卖出好价钱。"就像一滴水掉进了热油锅，大家伙的话语炸开了，说这个合作社怎么搞，谁来牵这个头？这时高乐说：“如果大家伙信任我，我牵头组织一个蔬菜生产合作社。请专家集体指导种植技术，我再联系销售渠道，并负责运输。保证比自个儿单种单卖合算。”

就这样，西青区的第一个蔬菜合作社成立了。那天早晨，全村的蔬菜种植户都集中到广场上，庆贺自己的合作社成立，看着带头人高乐挂牌。只见那高高的门额上，悬挂着一块大大的牌子，上面赫然写着“天津高乐蔬菜专业生产合作社”。这一溜字，在晨光的照耀下特别显眼。参加合作社的农户百十家，田亩数百顷，解决了大伙儿的运输难、销售难的大问题，深受大伙儿的欢迎和好评。

与其说高乐是一个精力充沛的人，不如说他是一个热情洋溢的人。

那年天津港大爆炸发生后，他第一时间听到了消息，没有片刻犹豫，对妻子说：“快！咱们马上装一车水果、蔬菜，给抢险救火的消防战士送去。”夫妻俩立马到地里、大棚里挑选了一车水果、蔬菜。汽车正要开动，村里开香油铺的老板知道了，说：“高哥，等等，我马上拎几桶香油，一块儿给战士们送去。”村里人听说高乐送东西到滨海新区，每个人都愿意献出一片心意。于是，高乐和他的妻子，还有那些热心村民，装了满满一车生活物资，行驶近百里，去慰问正奋战在抢险救灾第一线的消防战士……

高乐把那些重走长征路的学生娃们送走了，我俩继续坐在河边的草地上聊了好半天。这时太阳已经升得很高了，我不觉得身上燥热起来，便脱下了外套。我意识到，时间不早了，该回去了。可我又觉得意犹未尽，还有很多话要问，便说："老高，我打听一个人，他是个老八路，名叫高进和。"老高一把握住我的手说："你认识？"我说："没见过面，在报上读过他的事迹，在咱们天津，那是个很有名的老爷子呢！"高乐笑着说："他是我爸。""哦！"我不觉很是兴奋，兴奋得头晕。

高进和 16 岁那年，被日本人拉到塘沽盐场去晒盐。不管冬天夏天，把海水放到盐田里，等到海水晒成了盐，就得光着脚去挖盐。一双脚被盐水淹得生疼，裂了口，流着血，还得到盐田里去。他和几个小伙伴瞅个空儿，逃跑了。可跑出去没多远，又被日本人抓了回来，免不了一顿毒打。过了不久，他又跑了。这回被日本人抓住后，被送到了山西挖煤去了。黑洞洞的坑道，弄不好遇到瓦斯爆炸，就整个儿埋在里面了。干了一些日子，他又跑了。

他在前面跑，日本人在后面追。追着跑着，遇到了一队八路军。八路军迎上去，一阵射击，把追赶的日本人打回去了。就这样，高进和当上了八路！

当了八路的高进和，拿起枪，回过头来就狠命地打日本鬼子；打了鬼子又跟着大部队去了东北。打过四平战役，参加过辽沈战役；又回到家乡参加了平津战役。来不及喘口气，又跟着部队横渡长江，长驱直入往南追，一直打到海南岛。枪林弹雨，马不停蹄，身上有 3 处枪伤，7 处炮弹伤，一处刺刀伤，阴天下雨十分难受。组织上为了照顾他，让他回到家乡参加土改和生产建设。

他老人家挎着盒子枪，回到家乡当了个区长。干了一段时间，枪伤、刀伤不断发作，又感到自己没文化，怕耽误了革命事业，就向组织申请说，让年轻人来干吧，我回到村里去干点儿具体事。就这样，他回到了村里。他带头成立合作社，带头参加生产劳动，全村人对他十分尊敬。那年闹灾荒，全家人饿得嗷嗷叫。老太太常去挖野菜，掐苜蓿来充饥。这时村里有好心人劝他说：“老爷子，您是老革命，去找政府要点儿补助粮吧。”孩子们也这么说：“爸，你就去吧。”可老爷子拎起一根木棍，站在门口对家里人说：“谁要去找政府，我就打断他的腿！”

老爷子就是这样，硬是挺着，坚持着。后来，日子一天比一天好。好人多福多寿，他老人家活到了 101 岁！

老人家用他一生的正气，教育感染了全家。如今他的子孙们继承了他的精神，在新时代的征程中，“重走长征路”，在新农村的建设中，做出了榜样。啊，这就是一个老八路的家风。一个好的家风，就是这么一代一代传承的。

華

张跃进： 现为天津作家协会会员、天津书法家协会会员、北京世纪名人书画院执行院长、天津作家书画院副秘书长；1986 年至 1988 年，担任《科学与科学技术管理》杂志编辑、记者，《华北科技通讯》杂志主编；1988 年至 1991 年作为自由撰稿人发表作品《癌症俱乐部》《死亡驿站》《生死乱弹琴》《深圳股市风云》（在澳大利亚《华文镜报》连载）《中国罪囚婚变》以及长篇小说《胡同》等。在北京电视台和天津电视台任电视编导，撰写了时长 300 小时以上的电视专题片脚本。

笑容

张跃进

踏上这片热土，心中充满着亲切和激动。

20 世纪，这里叫天津西郊区。我是 12 岁和这里结下不解之缘的。

1970 年，因为父母的原因，我家被下放到西郊区的张家窝公社。道路那时是窄窄的，家家都是土坯房。因为从城市到了这里，生活的落差可想而知。母亲整日郁郁寡欢，我回到家中，心中的压抑使情绪变成了灰色……

很快，秋收到了，第一次看到丰收景象，兴奋得不得了。你知道满场院堆满了金黄色的棒子，是多么喜庆。房东大娘那些日子，在自家院子翻晒着分回的口粮，脸上乐得都冒了红光。当院晒着黄澄澄的棒子粒，在阳光的照射下，真是“金玉满堂”。

“哎，新社员，别老愁眉苦脸的，帮帮我来！”大娘这样招呼着母亲。

其实大娘家当年也不宽裕，四个儿子，老三、老四还不到能出工的年龄，一家只有三个劳动力。我们队就是赶上这样的年景，大娘家也就分 10 个月的口粮，平时几乎没有什么副食！

“新社员，你看你老是满脸阴天的，你们不是还有工资吗？你们不是按月吃着商品粮吗？有啥过不去的，再说哪的黄土不埋人呀？哈哈哈……”说着她那爽朗的笑声响彻院落。

大娘的笑脸，被棒子粒辉映得金光灿烂。大娘有她的理想：大秋一过，她就要为四个儿子打家具，每个儿子一件联四，一套被阁子，木料是她和房东大爷早就备好的。她还要为二儿子张罗盖房子，今年给二哥（我这样称呼）娶上媳妇。大娘一边干活儿，一边比划着，说笑着。满院洋溢着幸福。母亲也被这幸福的憧憬感染着，换上一脸的喜悦……

“哎，新社员，你别不信，再过不了几年，咱家的日子比谁都不差！”大娘的笑容里充满了自信和坚定。

就在那个大秋，小队长和房东大爷大吵了一架：房东大爷是队里德高望重的主心骨，小队长让我叫他二叔。其实这两个人都是村里的能人。然而，就是这两个能人之间，爆发一场空前激烈的战争……

主要焦点：大爷认为生产队老少爷们儿百十口子，辛辛苦苦忙活了一年，交这交那之后，各家各户还差着两个月的口粮。商量的时候，大爷提出要多种玉米，因为玉米可以是两季，总比小麦单季产粮要多，每家都可以吃上饱饭。

二叔说，他当队长，不能叫全队老少爷们儿过年的时候连饺子都吃不上，（棒子面包不了饺子）一年到头谁家还不来个客人，连顿烙饼都吃不上，这是丢咱的脸。结果俩人越吵越深，老爷子一怒之下给二叔一个嘴巴，二叔也急了绰起了板凳。老少爷们儿立马扑上去，拉开了两条汉子，这才避免一场流血事件。

年轻的汉子们都支持二叔的想法，稍年长的都站在大爷这边。小队部一下子变成了热窑。吵吵到后半夜，人们才渐渐散去，大爷闷闷地在小队部的长凳上抽着烟袋锅，二叔在另一边捻着他的大炮。

难为了这些张家人，不就是想带着各家各户过上舒坦日子吗？！

“你就想吃白面……”大爷闷闷地说，算是打破了僵局。

“您咋不想吃呀？”二叔反问。

大爷怎么不想呀？可是眼下连一年的口粮都不保，何谈天天吃白面！老人家默默地抽着烟。

“您老这手头不减当年，一巴掌过来都把我打蒙了！”

“你小子也不含糊呀，一板凳砸过来，后天我就得出殡了。”

两个人在黑暗中发出了“呵呵呵呵”的笑声。那笑声很复杂，夹带了多少期盼……

今天想来，他们的期盼又是多么简单，无外乎就是能够饱，再就是能够吃好。就是这样简单的诉求，在那个时候又是需要付出何等的努力？

但就是在那个时代，一个棒棒的劳力一天也只能挣10个工分，一个好的生产小队，一分能挣1毛多一点，不好的队才8~9分钱。

可是这些庄户人家，舍不得他们的家园，舍不得他们那片热土，祖祖辈辈苦苦的劳作，就是期待着丰收给他们的生活带来富足……

我对这里有感情，我的少年和青年是在这里度过的，我的世界观是在这里形成的。我熟悉这里的风情。这里有我的同学，有我的朋友。少年时种种回忆令我挥之不去。我进电视台后还专门为西郊区的张家窝拍过专题片。

那是1996年的春节，在我熟悉的乡村，突然出现了一片一片的整齐楼群，宽敞的马路。社区里还有了养老院。

在镜头前，我看着老人们的脸部特写，那表情是怎样的舒展。明亮的窗户透进柔和的阳光，泻在他们的脸上。那脸上的皱纹记录着他们曾经走过的艰难和沧桑。这些曾经被称为五保户的老人们，在这里享受着他们的晚年。老人笑了，还对着镜头挥挥手。尽管没有几颗牙，笑起来嘴巴好像是一个空洞，可是你还是能看出他们笑得很发自内心……

时间又过去了三十多年，如今我已活过整一甲子。脑子里经常浮现出的是少年的记忆，有人说这是老了。

就是老了！可天赐良机，不久前和作协朋友们来西郊采风，对，现在这里已经是西青区了。这里可真是发生了翻天覆地的变化。每到一处，我都被惊得目瞪口呆！我说不清，这里是都市里的乡村还是乡村里的都市？城乡的界限在这里被混淆得一塌糊涂。特别是到邓店村村史记忆馆，令我我感动不已。

一个村庄的开山老祖，是一个村的生命起源。后辈人几代几十代都不应忘怀。我曾在南方采访的时候，看到过这样的情景。每个村的村口，都有一块石碑，上面凿刻着开村祖先的生平。石碑的前面是块巨大的方石。村里的晚辈们随时从这里经过，都要在这里拜上一拜，还有老太太们买菜从这里经过，都会精心地为老祖先们带来祭品，奉上高香。有人说这是形式，在我看来这是庄严的仪式！当形式上升为仪式的时候，你会感觉到它不再是那么草率和随意，而更是向生命的致敬！对祖先的缅怀！从这个意义上说，祭奠先祖是多么必要了！

然而，我们北方这样的仪式却很少。于是邓店的村史记忆馆在我眼里显得那么的珍贵、那么的人性化！真应了那句话："在家敬父母，何必远烧香？"也免去了"不问苍生问鬼神"的困扰！

当然，在邓店给我印象最深的还是人们的笑容。

那个中午，天晴得碧空万里。老人和孩子们休闲地坐在文化广场的长廊里。那长廊上的书画作品是来自这些庄户人的亲手创作。虽说笔触技法并不老道，可却书写出家乡人们心声。远处传来中音萨克斯的旋律，低沉而委婉。除了地理位置提醒你这是农村，在你的眼前却无论如何都找不到农村的痕迹……

一位老奶奶逗着童车里的小童，那并不齐全的牙齿，却掩盖不住她笑声的悠然和真实。那一刻我很怀念房东大娘、大爷、二叔们。他们没有看到也没有享受到今天的美好，但正是他们的奠基才有了今天。

我多希望在村史记忆馆里，立上列祖列宗的笑脸，他们值得为今天开怀大笑！

岩波：原名李重远，中国作家协会会员，天津市作家协会全委，曾出版长篇纪实文学《风雨毛乌素》、中短篇小说集《翡翠扳指》、长篇小说《我把青春献给你》《地下交通站》《古玩圈》等600余万字，有的作品获国家及省市级奖项。有关论文入选新华文丛《让历史告诉未来》。

光耀中华的亮丽名片

岩波

我于2015年至2016年，在天津市作家协会的安排下，来到西青区精武镇挂职体验生活，于是，到各村、校、厂走访就成为我的家常便饭。至今已经两年多过去了，但我时时在关注着精武镇的每一点变化与发展。记得在炎热夏季里的一天，气温高达35摄氏度左右，两辆大轿子驶来，停在精武镇霍元甲文武学校的门前，百十来位身着黄色T恤的青少年，朝气蓬勃地走下汽车，在工作人员的带领下，排队走进学校，进入礼堂观看霍元甲文武学校师生表演的大型武术剧《武传奇》。有空调的礼堂里是凉爽的，但气氛却是热烈的，台上表演出神入化，如火如荼，台下观众如醉如痴，掌声如潮。我问了问学校办公室主任高博，得知这些观众是来自美国的华人后裔，他们这次旅行是“中国寻根之旅”。由此可见，精武镇、霍元甲文武学校以及《武传奇》，早已名扬海外，已经成为西青区乃至天津市和我们国家的一张亮丽名片。

观看《武传奇》是了解中华民族“强国强种”尚武精神的一个重要窗口。而表演《武传奇》的队伍，是精武镇霍元甲老家小南河村的霍元甲文武学校师生中的顶尖人才，他们之中的很多人获得过国家级和世界级武术比赛大奖。看他们沉稳劲道的拳脚，轻盈飘逸的空翻，招招带险的刀棍，无不透着笃实的功底和坚韧的精神。通过《武传奇》，既道出中华民族“强国强种”的尚武精神，又以和平为念倡导“止戈为武”。这所学校现有师生 1800 余名，自 1999 年建校以来培养世界冠军 10 名、全国冠军 300 余名，获得奖牌 3600 余枚，是全国首家文化部“对非培训基地”，自 2013 年起开始承办第一届“非洲武术学员来华培训班”项目，至今已经开展了 6 年，累计培训外籍武术学员近 200 人，为中非文化交流搭建了新桥梁。他们还多次跟随国家领导出访，把中国精神传向世界。最为引人关注的是 2015 年随习近平主席出访南非参加约翰内斯堡峰会，并在闭幕式文艺汇演《中非时刻》上为与会的 52 国首脑演出了武术节目《武谊》，以及最近的 2018 年 9 月 3 日晚，习近平主席和夫人彭丽媛在人民大会堂举行欢迎出席中非合作论坛北京峰会的外方领导人和夫人的宴会，其间，来自天津霍元甲文武学校的第六届非洲武术学员（七个国家）和其他演员共同演绎了精彩的武术节目《武动灵韵》，迎来阵阵掌声。中非之间有着重要合作关系，而霍元甲文武学校的师生们为与会代表表演，绝不单单是因为他们武艺高强，而其中必然是有着国家的重要考量。

早在20世纪初叶，霍元甲的精武体育会在上海甫一创办，民主革命先驱孙中山先生即为该会题写了“尚武精神”四个大字，并为精武体育会编撰的《精武本纪》作序。虽短短几百字，却将孙中山先生重视体育、强身保国的思想展现得淋漓尽致。尤其在结尾处写道：“精武体育会成立既十年，其成绩甚多，识者称为体魄修养术专门研究之学会，盖以振起从来体育之技术为务，于强种保国有莫大之关系。”这话算画龙点睛说到家了。一百多年来，精武文化已经享誉世界，精武会已经遍布全球。而精武镇自然以精武之源、精武之根的地位成为世界精武的朝圣地。以爱国主义为核心的民族精神，以改革创新为核心的时代精神构成了精武精神，而这种精神正是中国精神。霍元甲不仅是天津历史上最为精彩的代表人物之一，也理所当然是中华民族最为精彩的代表人物之一。在“强国强种”问题上，怎么评价都不为过。

那么，精武人这些年来是怎么干的呢？镇宣传中心主任张洪秀与农业技术员张兴义陪同我进行了广泛走访，其中重点了解了几个村子。在城镇化进程中，这些村子以思想道德建设统领和推进经济文化建设，步子踏实而坚定。吴庄子地处偏僻，经济条件不是太好。村支部书记、市级劳模杨文起说：“城镇化给农村带来很多新变化。如何继续创造效益、造福村民，就是我们领导班子天天都要研究的问题。”村民住进新楼，不种地了，但不能没有收入。他们出租300亩地盖了5万平方米厂房，引进了企业，年收入1100万元，村民三口之家如果有两个上班工作的，年收入即可达到8~9万元，这样就消除了后顾之忧。书记杨文起是退伍军人，政治素质强，对自己要求严格，上任21年，村里工作十分稳定。他们从2004年起步，至今14年，一年比一年好。在他带领下，领导班子成员及其亲属一概不参加村里的各种工程，不让村民说闲话。对村民来领导班子反映问题，热情接待，快速解决。另一个村子，靠近大学城的付村，有着与吴庄子不一样的情况，他们因为靠近大学，老师学生来来往往的很多，便于发展商业和服务业。他们一方面在村里盖起很多高楼，让村民搬进去，对外卖一部分，还面临大学区建起商业街和各种服务设施，为村里增收提供了有力保障。村民人均住房100平方米，医保70%以上，人均月补贴600多元，加上年节补贴，每年人均1万多元，如果家里有外出打工人员，收入更多。书记李成达过去干企业有成绩，被请回村里当书记，他也果真不负众望。他说：“这里是城乡接合部，各种信息传播快，人的思维活跃，村民们都关心自己的切身利益。1970年以前出生的人还重乡情，以后的人们就差了。加上外来人口多，为村委会的管理带来难度。出现两不像：既不像农村人，又不像城里人。但作为领导班子，我们对乡土没有感情就干不好工作，一要无私，二要敢于担当，三要研究新情况，改进传统的管理教育方法，要加进法律的意识。”村委会的服务大厅里，除了中等学历的年轻人，还有两名本科生和一名研究生，在深度思考和研究工作上有着相应的智力支撑。

大学城附近的姚村，是天津外环线以外第一个建新楼的村子。以往村民住的房子全是土坯房，外面下大雨，屋里下小雨，好几口人挤一个土炕。2002 年新楼建起来以后，村民们敲锣打鼓，张灯结彩，一位姓齐的大伯说：“再让我去土坯房可说嘛也不去了，过去讲‘楼上楼下，电灯电话’，现在全实现了！”村里每做一项大的决定，村委会都要召集老干部老党员开会，听取他们的意见，他们不同意的就不干。面临大学城，他们也注意发展商业和服务业，盖起 1 万平方米商场，1.9 万平方米旅馆。加上村里卖一部分楼，集体积累丰厚。为增长后劲，还在临近商区买下 1.8 万平方米作为资产留给后人。全村人均住房 110 平方米，人均年收入 3 万余元。村里还建起条件优越不收费的幼儿园，方便本村和邻村的村民。复员军人和大学生受到重视，两个本科生和好几个大专生被吸引回村工作。村里考上一般大学的奖励 5000 元，考上重点大学（如南开大学）的奖励 1 万元。让村民们高兴的是村里真的有个孩子高考考了 651 分的好成绩，进了重点大学。村里许多老人无后顾之忧，结伴外出旅游。但也有极个别年轻人吸毒和赌博，村委会发现后，立即给予严厉教育和处理，坚决杜绝。村书记费永和说：“村民们生活条件改善了，思想文化和道德建设不能跟不上，否则就会出问题。”而距离大学城较远的孙庄子，属于中等情况，但各方面工作也是蒸蒸日上。搬新楼以后的村民们有住有租，村里对老人也格外照顾。这个村 400 余户，盖楼后剩土地 1300 亩，以每亩 2500 元外租，村民年收入 8000 元左右，物业费也由村里负担。村民们生活稳定无忧，很少闹家庭矛盾。31 岁的年轻人李倩怡，原住南开区，在新加坡留学打工 7 年，经自由恋爱嫁到孙庄子，同爱人和朋友合伙做生意。结婚三年，生下一个男孩。李倩怡现在村里党办做信息员，每天撰写各种材料，已经工作了一年，心情愉快。她和爱人每月收入 5000~6000 元，除了买点菜，几乎没什么花销，生活很稳定，很惬意，于是，她想再要一个孩子了。我为此非常感慨，曾经以这个年轻人为原型写过一篇虚构的小说《津西有棵神仙树》，收进市作协编的集子《城市故事》。

陈台子村是分新楼比较晚的村，2016 年 4 月，村民们刚刚搬进新楼。之所以晚，是因为以前村里负债太多。2006 年王文通调到这个村当书记的时候，村里欠银行贷款 130 万元，欠村民集资款 172 万元。村里 4000 亩鱼塘按人均分利，但电费由村委会付，而电费大于承包费，总的应付款为 471 万元，支大于收。王文通当过兵，在镇政府干过 3 年，又在企业摸爬滚打 13

年，丰富的人生经验让他上任后成功地走了三步棋：一是还债，从家里拿出50万元，从银行再贷100万元，给村民退集资款（事情出现戏剧性，村民见王文通淘换来钱了，反而不愿意退资了）；二是改鱼塘的集体承包为竞价承包，提高价格，将原来的一亩100元提升到500元，转年又改鱼塘为材料库，专门存放建筑材料，一亩地收入4000~5000元，彻底打了翻身仗；三是投资2000万元，在河滩建祠堂，把坟都迁了，这件事最难办，但他还是想尽办法办成了。于是又置换出宝贵的200亩土地。市里征地500亩，每亩12万元，解决村民500人生活问题，男60岁以上、女55岁以上每月发放1600元生活费；市里建污水处理厂征地500亩，可望再解决700人的生活问题，当年9月份开工。现在还清了所有的欠账。全村1200人，不论大人小孩，人均年收入6000元，270斤粮食，130斤面，140斤米，重阳节还给老人600元。王文通干企业的时候，每年收入几万元到几十万元，现在不行了，但他现在看到这么多村民的生活都改善了，感觉牺牲一点个人利益也是值得的，他说，实现共同富裕不正是咱共产党员的最终目标吗？

精武镇18个自然村，各村有各村的情况，而总的来看，都意气风发信心十足地走在上坡路上。作为精武镇这一级党政班子，又是如何构思和实施的呢？他们重点抓了镇、村联动，以增实力。在镇级层面，始终把抓项目、扩投资作为拉动增长的重要支撑，坚持对外招商与对内挖潜并重。中环量子、华夷科技、久泰正北、新华投资等一批行业龙头项目相继落户；光电产业基地、蓝辰天成绿色数据中心、学府慧谷配电设备制造、德维洛谱、旭辉燕南园等 11 个重点项目开工建设；光伏农业产业园、学府麦谷“互联网 +”产业园、卓尔电商城一期等 6 个重点项目竣工或部分投产。大冢制药、鑫源森达等一批老企业通过技术改造规模进一步扩大。在村级层面，以换届选举为契机，进一步调优配强了村级班子；以全面推行“六步决策法”为抓手，进一步规范了民主决策程序；以“三问三讲三争做”“六进精武”“群众微心愿”等主题活动为载体，鼓舞干劲，理顺情绪。同时狠抓结构调整，以增动力。大力发展现代都市型农业，大力发展现代服务业。做大做强楼宇经济，稳妥推进房地产开发。进一步完善了经济发展、民生服务、党的建设三个平台服务功能，初步形成了党委领导下的社会治理和公共服务相互支撑的架构，同时，大力加强精神文明建设，广泛开展群众性的文化精武、道德精武及形象建设等多方面工作，使“崇德、尚武、实干、自强”的精武精神深入人心……这些“书面语言”，写着简单，做起来却并不简单。我每天走在精武镇的街道上，感受着各企事业单位的工作节奏，和精武人一起享受着阳光与绿树，体味着共同的空气与氛围。我听过他们请来 20 世纪 50 年代红色经典电影《雷锋》的扮演者董金棠讲的党课和雷锋事迹，看到和见证了基层村镇的党员和申请人对英雄模范的孜孜以求，我还参加过镇里英雄模范的表彰会，看到那些平凡的人们是怎样做出不平凡的业绩……不论白天还是深夜，镇里巡逻队的巡逻车都在各村、街巡逻游弋，维护治安，震慑一切不法行为。我经常跟随他们夜查，看到了他们以辛苦换来安定的整个过程。而在每年正月十五、十六都举办五彩缤纷的花会和灯会，我参加过白天的活动，也参加过夜晚的活动，在人头攒动的活动现场，看到了凛冽寒风中欢欣鼓舞的村民们的精神面貌，可以看出，他们的生活越来越好，正以出色的业绩告慰一代大侠霍元甲的在天之灵。

我曾经在精武镇待了一年，两年后的今秋跟随天津作协重回精武镇，重新思考曾经思考过的问题，想起一代伟人毛泽东在《实践论》中讲的一段话："我们的实践证明，感觉到了的东西，我们不能立刻理解它，只有理解了的东西才能更深刻地感觉它。"我就如此。霍元甲文武学校编排的《武传奇》是个窗口和门廊，由此进入以后便逐步了解和理解了整个精武镇和精武精神。"精武精神"有着与众不同而又共融的东西，这个东西其实就是不屈不挠不断进取和创新的精神，而这正是中华民族的伟大精神！霍元甲创建的精武精神无疑发挥着持久的引领作用，而家乡的人们在新时代又将之不断丰富和发展，使其成为带有国家和民族符号的金色名片！

周童：天津市作家协会会员，天津市作家协会文学院签约作家，山东省摄影家协会会员。作品散见《天津文学》《福建文学》《山东文学》《散文百家》《湖北日报》《天津日报》《新民晚报》《羊城晚报》《大公报》《卡塔尔半岛报》等报刊，还被收录于多种文学选本中，并多次获得国家省市级文学奖项。

水佑西青，福锦绵长

周童

水，温润、静默；水，活力、激勇；水，万物生长之根本，滋养生命并创造着辉煌灿烂的地域文化。有活水的城一定是美的，有些像人的心思，灵活多变，青风难挡，催促水畔的杨柳，从梦境里醒来，光耀辉煌……

漫步在西青区运河长堤上，望水思物，突然之间由人力开凿的大运河，想到地球上最早出现文明之光的两河流域。在我们栖息的星球上，但凡有水、有河流的地方，都会被发展和繁荣所覆盖。比如说：亚洲西南部的幼发拉底河和底格里斯河。这两条河的中下游地区，地势平坦，古希腊人称之为“美索不达米亚”，意为“河间之地”。早在公元前四五千年前，这里就居住了苏美尔人。苏美尔人在两河流域创造了灿烂的文化，最有代表性的是形成于公元前3000年的楔形文字。正如一位著名学者所说，“文字不是一种深思熟虑后的发明物，而是伴随对私有财产的强烈意识而产生的一种副产品。文字始终是苏美尔古典文明的一个特征”。楔形文字是苏美尔人用两河流域的黏土制成写作材料，用削成三角形尖头的芦苇秆骨棒或木棒作笔印刻成的文字，由于字形像楔，故称之为楔形文字。除了楔形文字外，苏美尔人已能把五大行星和恒星区别开来，并将肉眼能看到的星辰划分为星座，以后又从星座中划分出黄道十二宫。此外，还有文学上的《吉尔伽美什史诗》，它长约3500行，是迄今所知世界最早的史诗。

两河流域是世界上文化发展最早的地区，为世界发明了第一种文字——楔形文字，建造了第一个城市，编制了第一种法律，发明了第一个制陶器的陶轮，制定了第一个七天的周期，第一个阐述了创造世界和大洪水的神话。

而流经西青的大运河，又何尝不是经济、文化的摇篮和催化地呢！

运河创始于春秋时期，公元前486年吴王夫差开凿的从江都（今扬州）到末口（今淮安）的南北水道邗沟，距今已有2400多年的历史。从此以后不断地开凿整修，直至公元1293年（元至元三十年），完成了一条由杭州直达北京纵贯南北的人工大运河。大运河全长1782公里，跨越北京、天津、河北、山东、江苏、浙江四省二市，沟通了钱塘江、长江、淮河、黄河、海河五大水系，比巴拿马运河长21倍，比苏伊士运河长10倍，比这两条运河开凿的时间早2000多年。

大运河的开凿与贯通，营造了新的自然环境、生态环境、生产环境，极大地促进了整个运河区域社会经济的发展。隋唐以后，运河的贯通直接导致了南北方农业生产技术的广泛交流、南北方农作物品种的相互移植与栽培，促进了南北方商品农业经济的发展。特别是明代中后期，在商品经济发达的江南运河区域，如苏州、杭州等地的某些行业中已出现了资本主义性质的手工工场和包买商。随着运河区域商品经济的繁荣，更直接导致了一批运河城市的兴起。由运河开发、畅通而兴起的商业城市，从今日北京南下，经天津、沧州、衡水、邯郸、德州、临清、聊城、济宁、徐州、淮安、扬州、镇江、常州、无锡、苏州、嘉兴、杭州、绍兴，直到宁波，宛如一串镶嵌在运河上的明珠，璀璨辉映，耀人眼目，其共同特点都是工商繁荣、客商云集、货物山积、交易繁盛，成为运河上一个个重要的商品集散地。

西青古镇杨柳青依运河而生，因运河而兴，所以大运河也被杨柳青人称作“母亲河”。如今，大运河成功入选世界文化遗产名录，给沿河地区带来了新的发展机遇。杨柳青镇紧抓这一契机，深入挖掘和保护运河沿岸的历史文化底蕴。石家大院就在京杭大运河岸边，被誉为“天津第一家”“华北第一宅”，它的兴起，与历史上大运河漕运的兴旺有着必然的联系。杨柳青这个地方是水路码头和旱路码头汇集的地方。石家大院的老祖宗就是运河上跑船的。实际上，石家大院就是通过漕运发迹的。

南北大运河的开通，使东南沿海地区与全国各地的联系更为直接而紧密，尤其是运河区域经济文化的繁荣与发展，使之成为对外交往和扩大中外经济文化交流的前沿地区。中国的邻近国家和地区以及西亚、欧洲、东非各国纷纷派遣使团和商队来到中国，在各沿海港口泊岸，随即沿运河航行到达京师及各地，进行着频繁的经济文化交流，有的更直接迁居于运河区，使这一地区成为内迁各少数民族和外国使者、商人、学问僧、留学生及其他各方人士集中的地区。他们把中国先进的文化带到世界各地，扩大了中国对世界的影响；而国外优秀的文化也传播到中国，不仅更加丰富了运河区域文化的内容，而且也促进了中华民族文化的发展。

悠悠运河水，穿过西青的古镇和村庄，孕育出被列入国家级非物质文化遗产的杨柳青木版年画。大运河把南方精致的纸张和水彩运到了杨柳青，也把全国各地的故事和传说带了进来，成为画师们的创作源泉。在过去，杨柳青年画都是通过运河进入北京的，北京作为古代皇城，品位、层次之高自然不在话下，这样就促进了杨柳青年画从题材、制作工艺，方方面面的提高和改革，在保留年俗的基础上，向高雅的上层社会发展，进而实现打入高端市场的构想。

我们翻阅历史，时光之轴上的西青已有1000多年的刻度，她有着厚重的历史文化底蕴和独特的地域文化魅力。京杭大运河穿境而过，有着600多年历史的杨柳青木版年画享誉海内外，而尽人皆知的近代爱国武术家霍元甲在这里诞生和成长，“赶大营”的壮举成就了晚清以来意义深远的津商传奇。历史积淀造就了运河文化、民俗文化、年画文化、精武文化、赶大营文化、大院文化、红色文化、生态文化等特色文化品牌。

大运河虽然在一个阶段失去了航运能力，但西青的杨柳青人依然把大运河当作“母亲河”，在改革开放的四十年间，相继实施了河道拓宽、清淤护坡、两岸植绿护绿等工程，使得运河沿岸环境面貌每年都有新变化。与此同时，当地政府深入挖掘运河文化，在运河沿线打造了石家大院、精武园、年画园、运河公园等一批文化旅游景点。如今，大运河河水清澈碧绿，两岸各色花草树木连成片，再加上河道周边古色古香的旅游景区，形成了一幅迷人画卷，前来垂钓、休闲的游客络绎不绝。

改革开放的四十年，也是人民生活幸福指数、社会保障飞速增长的四十年，在保存发掘历史存留的基础上，西青又打造了类似于民国物语博物馆、沙窝萝卜纪念馆、西青湿地公园等众多形式的文化惠民项目，成为一个西青人成了许多人的一种情愫和自豪。

时至今日，我在波斯湾看过月圆与月缺，在大西洋和地中海领略了光束穿透云层的美丽，在红海与死海暂时的平静中，看对岸闪烁的万家灯火，在车过约旦河的时候，感受到落寞与荒凉，在加利利海，我目送早霞染红远方的戈兰高地。面对印度洋的咆哮，我心生恐惧，那海一浪高过一浪，推挤着，高声欢唱着，巨大的黑暗在远方高耸，黑色里涌上沙滩的水边泛着白色的泡沫，沿着层层叠叠的浪涛冲向宁静的岸边。我第一次不敢面对大海，不敢直视它，它那幽幽的眼睛里透着寒彻心底的光！

我是喜欢水的！我敢说我对水的热爱超过许许多多的人！在我走过无数河流海洋，兜兜转转后重新面对西青运河水的时候，从内心深处传来一个笃定的声音：这里是祥和的故土，是活力飞扬的演习场，是经济增长的大堡垒，是富裕后更希望得到文化护佑的聚宝盆。

曾经的两河流域文明为世界做出过伟大的贡献，而现如今流淌在西青大地上的大运河所带来的文化奇迹，谁能说，不会成为又一个人类的亮点呢！

是的！水佑西青，福锦绵长！

孟宪华：曾在《诗刊》《星星》《诗选刊》《散文诗》《散文选刊》《青年文学》《山东文学》《时代文学》《天津文学》《常青藤诗刊》（美国）、《葡萄园诗刊》（中国台湾）等多家报刊发表诗歌和散文，获奖70余次。著有随笔集《孟华之滨》和诗集《掌上的心》《时间密码》《纸上城邦》。现为《杨柳青》杂志责任编辑。

行走的风景

孟宪华

岁月是条河，是深是浅都要过。

——题记

1

坐在中北永旺梦乐城，一个集购物、休闲、娱乐于一体的好去处，喝着不加糖的拿铁，听着柔和后摇，看西青道上川流不息，人来人往，说什么也想不到自己这辈子会和天津有缘，在西青的中北镇安家落户。这真像是一场梦，而我的梦，正随着杨柳青的风筝扶摇直上……

车轮转动，从光阴的上游过来了。一生中做梦的日子，是在教室里酝酿的日子，是村庄白云飞过的日子，是小城写字台上灯光闪烁的日子，是我使自己精彩的日子……

行走的妙处，就是：梦，落在了它该落的地方。

梦落无声，天蓝水清树绿花红鸟鸣。依河而居，小桥流水人家四季草木常青。梦落有声，风起铃响，梦漫山遍野流淌，从身边一闪，又向时光下游奔去——

有人说，人生像是一场旅行，需要长途跋涉。是啊，人都在不停地行走，但行走不仅仅是用脚丈量人生，还会用眼用心用脑用笔墨用诗画……

沿途我们会看到各样各式的风景，历经许许多多的磨难，或徘徊彷徨，或快乐感动，或相忘或铭记。这些丰富多彩的行走历程，都是财富，或多或少都会在我们心灵深处烙下印迹。而那些记忆，只要有罡风吹过，就被时光翻晒，在某年某月某日阴晴圆缺。

人生处处皆风景。试问谁与我同在？又有谁与我同行？风吹过童年，你同万物复苏，姹紫嫣红，莺歌燕舞；雨露过青年，你烈日炎炎，枝茂叶盛，繁花似锦；丰收入坠中年，你该是硕果累累，山野金黄，枫叶红时颗粒归仓；雪白了少年头后，天地一片苍茫，银装素裹，人淡物静，仍有什么指点你回到冰清玉洁……

我们是归人，我们也是过客。

2

是的，我是在 17 岁的那年选择行走的。

我不明白，全公社高考 400 余人，怎么会全军覆没？那时我对学习已厌倦，不想复读挤高考独木桥，而身弱多病的我面对分田到户的责任田，更是干不了庄稼活，怎么生存呢？父母唉声叹气，我也痛不欲生，思前想后便决定独自去 400 多里的城里寻伯父去打工。

1979 年的春天里，我冒着毛毛细雨，从小渠边挖回一棵榆树苗，高高兴兴地栽到了家门口。说是要替我陪陪父母。父亲笑着问我为什么不栽到院子里，院子里有的是地方。我告诉他，栽到院子里就看不到外面的世界了。

因为将要离开生我养我的地方，到很远的城里去工作，我希望父母能把这棵树当成我，不会因我的离去而寂寞。

我在小树旁垒起一圈土，浇了满满一桶水。我想这棵树会像我一般幸运而成为参天大树的。

在伙伴们羡慕和恋恋不舍的目光中，我上路了。一回头瞥见母亲眼中的泪花，是高兴的吧，因我要到城里去享福，再不要土里刨食过艰苦的生活，我可以整顿吃到白面，住上楼房，穿上漂亮又时髦的衣服，坐上汽车……在那个年代城乡差别还是很大的。

我知道这份工作来之不易，所以处处谨慎小心，因为有过太多的低层生活感受，使我忍辱负重。几年一晃就过去了，似乎尝够了寄人篱下的滋味，受尽了磨难；似乎懂得了城里的钱并不好赚，欠人的情更不好还。好想把这一切倾诉，刹那间，我想起了家，想起了那棵树，那棵树该会怎样了？带着种种复杂的心情我匆匆赶回家。这时的我不再留恋城市生活，也不再叹息故土的贫瘠与荒凉。

回到家，母亲就告诉我说："这棵树命真大，那年大雨天院墙塌了砸倒了树，我以为不行了，可你爹不信，扶直了，过些日子小树竟又活了。去年你哥盖伙房要砍了这树做檩条用，你爹说什么也不让，说你会不高兴的。"

我点点头，呆呆地望着那棵树。离家后的几年，那棵榆树苗已高过院墙，与屋顶"平起平坐"了。村庄也发生了翻天覆地的变化，以前的土坯房很少见了，砖瓦房多了起来，家家户户都有了电视机等电器。道路宽敞，街道干净整洁。而我虽然看到了一些，也得到了一些，却并没像人们认为的那样赚回很多钱，也没有什么可值得光宗耀祖的事，更提不上快乐。我抱着那棵树，似乎受了天大的委屈，心中一时黯然神伤，泪水在眼里打着转儿，却始终没滴下来，我要像这棵树一样坚强而正直地活出个样儿来。

岁月匆匆，十几年过去了。我经历了轮岗、下岗、再就业，最终找到自己的价值，在小城站稳了脚跟。

2000年的一天，父亲来信告诉我说：那棵树上长满了木耳。怎么回事呢？原来邻居盖房碍事不得不把那棵树砍了，去掉枝丫，横放在院子里，树太大是无法移植活的。在夏季连阴的雨天，光秃秃的榆木上竟奇迹般地长了一树木耳。父亲还说那棵树倔强不屈的性格像我。

他哪里知道，只有我明白，我是赶上了好时候才长成另一个我的。

3

恍若梦境。春风只是浩荡一下，那些发芽的情节就开始萌动，做梦的花草一夜之间都醒来了，回归的燕子耳语山谷，一棵又一棵杨柳站在蒙蒙雾里等风来，吹起一路浓浓的诗情画意……

我顺着春风来到天津，那时单位准备迁址天津，我和同事们便纷纷提前在天津买房子，准备迎接新的生活。我们大部分选择了西青，因为外环线一隔，不仅价格便宜，而且适宜居住，更重要的是离单位近。有福的是那些孩子们，他们在津城的学校学习，高考分数线相比我们山东低些。

何止是孩子们受益，我们从小城搬到大城，门口就是公交、地铁，距离南站高铁也较近。我们可以坐公交、地铁去超市购物，去往学校、医院，去往火车站、飞机场，然后到全国各地。

生活环境和住房条件都发生了天翻地覆的变化，我们好像并入了时代快节奏的轨道。

说实在的，我没有什么远大理想和所谓的抱负，但我把用劳动成就梦想作为人生的座右铭。从懵懂到收获劳动第一桶金，一路坎坷一路欢歌。我庆幸我不是啃老族，更不是不劳而获者，我用自己的劳动改变着生活，让自己并不远大的梦想成真。

我出在20世纪60年代初一个贫穷的小村庄里，从记事起，我就跟哥哥姐姐拔野菜打猪草，干些力所能及的事情。上小学时，我就知道勤工俭学。我喂养过兔子、猪、羊，也捡过麦穗，拾过棉花，等等。我用自己辛苦劳动换来的钱交学费、买自己喜欢的本子，铅笔和蜡笔，甚至零食。

1982年参加工作后，我每月工资24元，交家里后就没有多少了。我很想买一块手表，20世纪80年代初一般品牌的手表也需80多元，我就利用业余时间学习无线电，在小城的工人俱乐部兼职，修收音机和黑白电视。利用夜晚和假日的时间，我努力兼职一年后终于买上了一块自己心仪的手表。后来，由于工作繁忙没有太多时间和精力，便忍痛割舍修理工作。那时我曾组装过一台12寸的黑白电视送给乡下的父母，这是全村的第一台电视，曾轰动一时，为父母和我都挣足了面子。

结婚后，我们一直住在单身宿舍8个年头，没有钱买单位的福利房，我们都是农村出来的学生，都不好意思跟家里要钱结婚和买房子。我们只好靠工资积攒，自己打拼。孩子出生，更是艰难和忙碌，上班工作后没多少时间，只有夜里才属于自己，于是我开始写一些豆腐块文章投到全国各地，挣点稿费钱来买自己喜欢的书、衣服、首饰和孩子的玩具。

1994年开始集资建房了，看看房价，掂掂自己的钱袋子，仍感觉到心虚和为难。迫于解决住房问题的压力和焦急的心情，还是硬着头皮先报上名了，好在房款是分期付的，再慢慢筹备吧。

1996年年底新房顺利建成，终于拿到了钥匙，高兴的心情不言而喻。经过3个月精心地装修，漂亮舒适的房子里又添置了新的沙发、茶几、电视机、洗衣机、冰箱等。真是太高兴了，我终于有了属于自己的房子，我和女儿再也不用到楼下的公共厕所，我们做饭也有了厨房。

父亲去世后，母亲为了照顾女儿，搬来和女儿同住，72平方米两室一厅的房子就显得有些紧凑了。为了给女儿提供一个好的学习环境，2005年我们又买了三室一厅125平方米的房子。女儿自此有了单独的卧室兼书房。

2008年，随着丈夫的单位搬迁，我们丢掉小城安逸的生活，来到了天津打拼。初入津城，买房买车后还贷给我们无形中增加了很大的压力。除了单位的人，我们两眼蒙眬谁都不认识。丈夫还好有个单位上班，而我50岁退休的高龄女人，想找到一份心仪的工作更是难上加难。

一天，经人推荐我去了一家文化馆应聘编辑工作。看到我这个土里土气50多岁的女人，操着一口山东话，而且也不是文学专业出身，文化馆的领导很是担心。

为了得到这份工作，我从拿到杂志的文稿开始，就废寝忘食地工作，加班加点，早上天不亮就开始工作，夜里一直工作到凌晨，以最快的速度弄完。再交有关领导审批，改了又改，直到领导满意为止。我知道很多人在应聘这个岗位，因而不敢掉以轻心。排版后再认真地一校二校三校，甚至四校。拿小样送小样，去印刷厂核对，直到出版，不论刮风雪雨，我不知要跑多少趟，不计报酬，从不嫌累叫苦。一本杂志做下来，我的认真和诚信得到了大家的好评与认可。于是，我过关斩将重操旧业干上了自己喜欢的编辑工作。

真没想到写来写去，我就入了作协，就出了4本集子，就成了一个业余的写手，圆了我想都不敢想的作家梦。

看我飘飘然，丈夫一眼看穿："就凭你那点本事，还能过成这样？还不是天时地利人和，让我们的梦想都一一实现！"

是啊，40年来我们有多少梦都已成真！

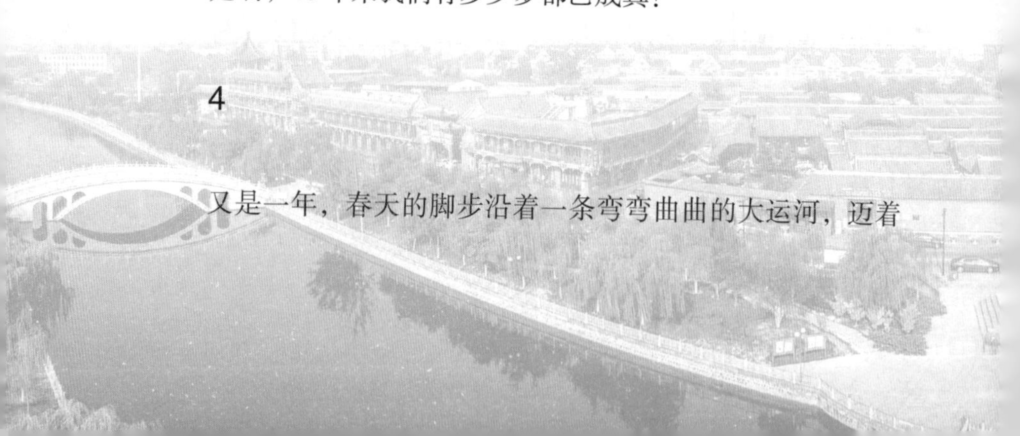

4

又是一年，春天的脚步沿着一条弯弯曲曲的大运河，迈着碎步潺潺地流。渐渐绿了的植物，点亮春的火炬。高楼大厦支起倾听的耳朵，回音鸟的歌风的唱，还有那些荡气回肠的传说与桃红柳绿的事情。

徜徉在花香树绿的西青道上，春天有太多的面目，像一个情窦初开的少女，让我有无数种心动，恰如一场绝美的艳遇。

沿着光阴的路途走下去，人生的脉搏上，杏花白，桃花红，梨花依然按照春天的秩序登场。我不想告诉你，梨花带泪的故事，还有心碎的隐喻。海棠依旧按部就班，每朵海棠都有一个梦。在一切思念之上，还需渲染吗？梨花的底气，梅花的魂魄，只一朵便是易安的境界了。一醉千古，这所有人都能看懂的——《诗经》。

站在中北 117 大厦的顶端，从荣乌高速路上向故乡望去，我看到众多的行人中，有一个女孩扎两条麻花辫，背着一个大背包，来回走，她不停地走着，从一个姑娘走成了老太婆。此刻，她走到我的眼前，与我重叠。

一个声音，在灵魂深处冉冉升起：还要走的，因为还有梦……

只是此刻，我不知道什么时候出发。

赵军：男，1951年1月出生，中共党员，满族。现为中国电视艺术家协会会员、天津作家协会会员、天津美协名誉理事。作品长篇动画片《小男生阳帆》，在央视播出，曾列为我市向国家推荐“五个一工程”影片，获得国家“金鹰奖”的动画片三等奖。曾担任与西部电影集团合拍的动画电影《封神传奇》制片人，获文化部优秀动画片奖，并在我国台湾首映。曾担任36集电视连续剧《重新恋爱》编剧，该剧在国家广电总局立项。剧本作品还有《梦娃的故事》《锋从磨砺出》《战图》等。

圣西地，涨青春
——我看西青改革开放40年

赵军

坐蓝天如洗，飘浮着白云朵朵；大地披翠，点缀着万紫千红。党的十九大提出建设美丽中国，天津已见成果。在这金秋时节，我踏上西青区这片人杰地灵的沃土，闪进眼帘的皆是欣欣向荣的景象。

走进原野，现代化的耕作让农副作物硕果累累，许多大田农作物已进入收获期，而现代化的棚作物，已是四季轮番收获。西青是天津的大菜篮子，鲜鱼水菜，瓜果梨桃，源源不断地从西青运往市里的各大超市和菜市场。作为现代农民，高产丰收不再是唯一的企盼，科学种田，丰富多样，绿色健康，好省多快，是他们现在探索开拓的方向……

走进企业，西青一改过去乡镇企业粗放作业，高科技、高附加值的产品成为西青产值效益不断攀升的保证。开发区，高科技园区，创意产业园区，科技企业孵化器，文化产业园区……各种发展特色的园区和大大小小的科技型、环保型现代企业集合星罗棋布。

走进村落，村民住进了高楼大厦的城镇社区，如中北镇、西营门、张家窝、杨柳青等已完全城市化。住在这里的人们，他们想的不是吃什么穿什么，而是想怎样使子女受到更好的教育，怎样使自己的生活更有文化、更有品位、更有意义……

我走进了西营门社区的党群活动中心，这里集文化修养、思想教育、娱乐活动和体育健身于一体，为广大党员和普通群众提供丰富的业余活动场所。每个居住小区还有同样功能的党群活动站。从这里我看到了我们的公仆在为群众所想，在为群众所做的初心。

我看到了两组令人振奋的数据，客观地反映了西青改革开放以来一些巨大变化：40 年，地区生产总值从 0.75 亿元增长到 1072.3 亿元，是改革前的 1432 倍！ 40 年，人均可支配收入从 188 元增长到 27265 元，是改革开放前的 145 倍！

西青的高速发展和巨大变化，是西青人在党的关怀和领导下，在改革开放政策支持下，经过不懈努力、艰苦奋斗取得的，因此每个西青人脸上都挂着自豪的微笑，透着十分的自信。他们意气风发，斗志昂扬。圣洁的西青大地，涨满了青春活力。

西青的成就有着深厚的历史积淀和优良传统。在西青的大

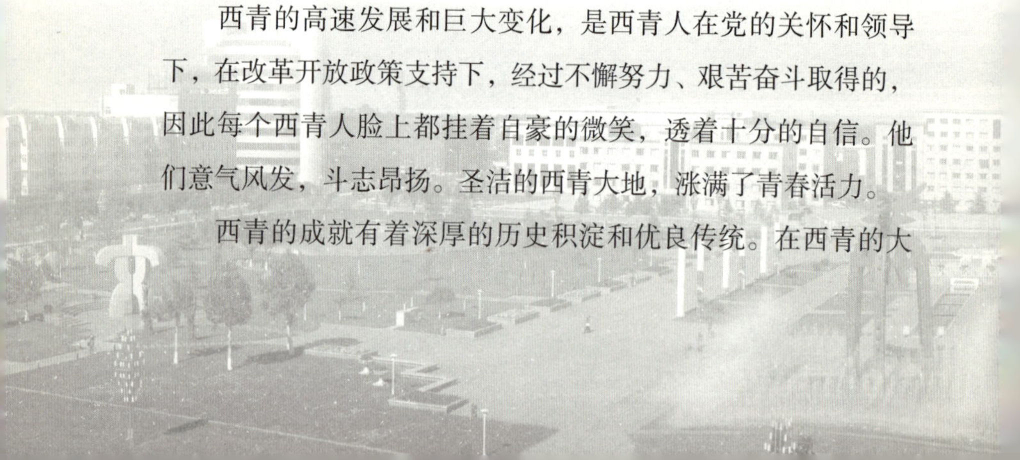

地上静静地流淌着一条大河，这是一条世界闻名的河——京杭大运河。它为这片土地带来了运河经济和文化。一方水土养育一方人，历史上人工开凿的大运河是人类的奇迹，我不知道当年开凿大运河时，这片土地上的劳动人民作出了多大的奉献和牺牲。但是千百年来大运河养育了西青人，也铸就了西青人坚强、勇敢、质朴、善良和勇于开拓的性格。

在运河岸边，随着历史的变迁，形成了大大小小众多村落，其中一个村落，犹如镶嵌在运河畔的一颗明珠，一座千年古镇——杨柳青。杨柳青先于天津400多年立镇，是天津文化根基之一。在这个镇上除了有中外闻名的年画，还有一些保存完整的民俗建筑宅院。这些都是西青人人文精神的历史传承。杨柳青年画是中国传统文化的经典遗产，它的思想和文化内涵很深邃，它包含了中华民族民间民俗文化、中国儒家文化、道教文化、佛教文化，传递着几千年中华民族吉祥善良和顺的正能量。最具代表性的大娃娃，佛面童身，喜庆健康，是祖先对中华儿女的殷切期望，这是杨柳青年画的灵魂。民间有许多关于杨柳青年画的传说和故事，这些是年画的文化延伸，与年画相得益彰，融为一体。它为我们发展现代文化不仅提供了宝贵的资粮，也为我们提供了智慧和法门。

杨柳青不仅年画出名，更有清朝光绪年间杨柳青人“赶大营”的壮举，“数万货郎满天山”，惊天动地，彪炳青史。赶大营的恢宏壮举，其经济意义、文化意义、历史意义、民族意义，不再赘述。作家王洪海先生写的中国首部津商历史长篇小说《赶大营》，根据史实资料详尽讲述了赶大营的始末。百度百科是这样说的：“赶大营”是中国历史上一次自发而又成功的移民，使天津杨柳青人成为了新疆商业舞台上第一大商帮。“赶大营”极大地促进了两地经济商贸的发展。这一商贸活动还促进了各民族之间的文化交融，增强了各民族之间的凝聚力和亲和力，为巩固边防作出巨大贡献。目前在新疆大营客的后代有六十多万人。

这样人杰地灵的乡土出英雄是必然的。著名武术家霍元甲就是其中的一位，他将武德的最高境界民族精神、爱国精神融入中华武术，开创了“精武门”。他积极倡导自尊、自立、自强，提出“爱国、正义、修身、助人”的精武精神。在积贫积弱，东西方列强入侵的旧中国，为抵御外辱，弘扬和发展中华武术，培养具有爱国尚武精神的中华子孙作出突出贡献。

在建立新中国的革命斗争中，西青人民更是遍地英雄下夕烟！为解放天津倾力奉献，乃至流血牺牲。当时解放军解放天津的指挥部就设在杨柳青，西青人民倾其所有为解放大军供给物资粮草，组建支前担架队，运送弹药。更有广大西青儿女参军入伍，奔赴解放全国的战场！

当代西青人继续保持和发扬革命传统，在党的领导下，沐浴着改革开放的春风，积极进取，勇于开拓，更有一股敢教日月换新天的劲头。

西青是党的阳光雨露滋润的圣地，是西青人民努力开拓的圣地。站在这片土地上，我不仅为西青的历史感到震撼和骄傲，而且为今日西青人的精神和力量所感动。展望未来，我对小康西青、现代化西青充满信心和期望。西青必然会一如既往，在各级党政领导干部的带领下，在具有中国特色社会主义的大道上继续阔步前进，为天津，为祖国，为人类文明作出新的伟大贡献。

赵建英： 天津市蓟州区上仓镇西郭家庄村人，常用网名、笔名——寒烟。天津市作家协会会员，蓟州区作家协会副主席。闲暇时，喜欢与文字为伴，有小说、诗歌、诗词散见市县纸媒。

新风古韵话西青

赵建英

不屑矫情或辩解被人戏称附庸风雅，无论去哪，总是向往亲临那些古代文化和文人烙下足迹的所在。一直以为，自然风光无关景致，心情好坏，全凭与谁在走。人文景观却不同，被悠久历史文化熏染过的地方，是有活力与魅力的，即使傻子样木然而立，稍一清醒，也会感觉到已被封存久远的文化内涵所包裹，被那种奔腾的文化内涵裹卷。瞬间，人 、历史、自然便交融在一起了。

如果说一座山是一座历史的丰碑，那么，一条河，则是推动地区间经济、文化发展与交流的源泉。大运河作为古代人工开凿的河流，从西向东以自然流势，在杨柳青镇西南流入，向东进入市区，形成了元宝形的聚宝之地，造就了杨柳青段运河文化的深厚积淀。清代中叶，杨柳青镇已跃升为津沽重要漕运码头和经济重镇。运河文化寻根活动发现，妈祖娘娘后代林姓人在明代永乐年间从福建迁居到西青，后来林姓第六代一女童因崇拜妈祖娘娘出家于天后宫，取名性宽；在大运河红桥区段发现与霍元甲有关的遗迹，其中有吕祖堂内霍元甲练功用的石锁；兴盛于清代的杨柳青年画，也随运河传播到了各地。

改革开放后，杨柳青被天津市政府确定为民俗文化旅游区后，杨柳青以此为契机，在尊重历史、不割裂历史的前提下，进行了大规模的旧城改造，把传统与现代融为一体，完整地保存了历史遗存、名胜古迹，大力拯救、挖掘了民俗文化，蓬勃发展起民俗文化产业。

在旧城改造中，杨柳青镇政府注重体现古镇深厚的历史文化底蕴，形成古镇历史文化厚重的古典风格，在体现其古风雅韵的基础上，按照修旧如旧的原则，修复了石家大院，恢复了安家大院。

安家大院坐落于杨柳青镇当年最繁华的估衣街，与石家大院为近邻。它建于清代同治年间，已有一百五十年历史，安家大院占地一千多平方米，是杨柳青镇单院面积之首，共分三个院落，是北方的四合连套格局。前面是一个大院子，院内有内门相通，后院分东西两个小院，院中还有清代金银库、“文革”防空洞等地下遗存。三个院落内里相通，结构疏密有度，回还自如，是典型的内宅外院结构。宅院主人安文忠是杨柳青“赶大营”第一人，是他带动了民助军需，以全新理念追随、支援封疆大吏左宗棠击溃阿古柏对新疆的入侵，维护了中国统一。

“赶大营”一词，对孤陋寡闻的我来说，是陌生而神秘的，参加改革开放四十周年天津作家看西青文学采风活动归来，思绪久久不能平静。

消失在昔日丝绸之路上的跫跫驼音，到底讲述着怎样的故事？

忍不住搜寻，幸得西青作家晨曲（王洪海）老师提供的电子版《赶大营》。

《赶大营》小说里的主人公就是津帮商人安文忠。青年时期的安文忠，只是运河漕运船上的纤夫，他爱上了船老大的女儿柳霞，无奈船老大嫌贫爱富，以百两白银为聘礼的难题，回绝了安文忠的爱恋。船走渭河，卸货之后，看着比杨柳青繁华的码头，安文忠与高旺看到了商机，决定留下来发展。在好心人指点下，两人做起货郎。一路走来，遇狂风，躲匪患，渴了误饮看成凉水的人血，经过三年多打拼，终于赢得人生的第一桶金——三百五十余两白银，然后荣归故里。

船老大在柳霞宁可上吊也不嫁给财主、安文忠拿出百两银子做彩礼的情况下，答应了两人的婚事。此时本应春风得意的安文忠并没安于享乐，而是深谋远虑，不想婚后坐吃山空，倾尽所有财力搞了一次漕船运粮，然而，天有不测风云，回程时一船粮食尽数倾覆，安文忠再次一无所有。

穷则思变，安文忠再次走上货郎之路，从此，正式拉开了他“赶大营”的历程。为巩固军需，清军为“赶大营”的客商提供了很多扶持政策，首先，他们为“赶大营”的客商颁发了龙纹执照，规定随军贩售必须随身携带龙纹执照，无照不许进行买卖。有照不但允许做买卖，还能享受许多优厚待遇，比如，清军先头部队已开拔新疆，沿途分程设点建官店，有执照者可在官店中歇宿，还可搭乘载货少的军车前行。在大军的营地，划出买卖圈子，供有照者售货。若军队进城，城中设买卖市，供赶大营客商在那里做买卖。

因西北荒凉，人烟稀少，军需供应成为一大难题，幸有众多货郎随军而行，基本解决了官兵的日用所需。收复新疆后，半数清军成为边防驻军，杨柳青货郎也随之成为坐商。

清末民初六十多年的岁月，古丝绸之路和乌力雅苏台大草地上，成年累月地流动着津帮杨柳青商人，他们或挑担步行，或推车前行，或伴着驼铃默默蠕动。他们一肩挑着发财的梦想，一肩担着保卫边疆、促进西部开发和天津发展的重任。

在“赶大营”的队伍中，天津杨柳青商人安文忠成为津商的佼佼者。他从十六岁起，肩挑扁担为官兵提供日用品，随军西行万里，途径一百五十三站。在他的带动下，杨柳青的货郎们形成了庞大的天津“赶大营”商帮，在当时，他们不但促进了经济的繁荣，更增进了民族的团结。安文忠是近现代杰出的企业家，他是杨柳青“赶大营”的三千户人家向贫穷命运挑战而发家致富的典范。

大营客不仅是民间的组织，还与皇帝有过交集。其一，安文忠从新疆回归故里，慷慨解囊，捐款助学，一度惊动朝野，光绪皇帝给予他“乐善好施”功德坊旌奖。其二，《丝路津商》一书载有“宣统电谕火烧津帮八大家事件”，朝廷证实了大营客的几件事的真实性：（1）王高升火烧津帮八大家是真；（2）朝廷协饷不足时，为使新疆边防不乱，津帮商户总会拿出银子支撑大局“近年解不足数，恒持铺商腾挪周转”；（3）天津商帮的确占有大半新疆商业精华“匪徒滋扰，延祸商民，全省精华，损伤大半。”以上种种，民间早有传说，文人也有文章记载，现在又有皇帝作证，可见“赶大营”的真实性。

时代变迁，当年安家大院的青砖碹窗碹门还显露着昔日的建筑华彩，那坚固的柁，圆润的檩，都在诉说着宅院经历过的春秋。建筑无言，但它蕴含的大营客那种坚韧不拔、不屈不挠的拼搏精神，诚实守信、善待天下的重商德精神，睦邻友好、和谐天下的团结精神，富不忘本、热爱家乡的奉献精神，就像院中百余年生命力极强的藤萝一般，无时无刻不散发着勃勃生机。

一方水土一方人，追随历史的进程，而今的西青已建成以产业化农业、高效生态农业和休闲观光农业为主体的现代农业格局，并建成农业设施基地十个，扶持和发展农业龙头企业五个，组建了九家农民专业经济合作组织。生态观光农业已成为农业产业的支撑点。

新风古韵话西青，而今，新时代的西青人，正秉承着“赶大营”精神，行走在“一带一路”的前沿。

胡伟红： 意林集团签约作家，天津市作家协会会员。自学生时期开始文学创作，学生时期就曾获得全国青少年文学大赛特等奖，至今已有十八年创作经历，积累了丰富的创作经验，曾出版畅销书籍三十多册集，其中代表作有《迷藏》(1–4 册)、《一年三班恶男军团》（12 册）、《潘多拉的眼泪》（123 册）、《封鬼》。现有多部作品正在洽谈影视剧改编，作品风格多样化，文风轻松活泼，构思严谨，深受广大读者喜欢。在多家杂志开设专栏，针对青少年心理问题受邀主编《逆商：看谁坚持到最后》一书（重庆出版社出版）。曾多次参加中国作家协会及天津市作家协会举办的高级研修班。写作期间受天津市多家媒体采访，受邀参加天津广播电台专题采访，北方网名人采风活动。参加过多场签售活动，签名现场火爆，反响热烈。

寻

胡伟红

父亲走后的第七天，按照习俗，过了“头七”。这些天，过得恍惚，觉得像置身于一场噩梦之中，始终无法认清一切。伤心是自然的，更多的便是不知所措。可看着母亲悲痛的样子，也只能让自己勉强打起精神来。

收拾遗物是之后的事，也是我和母亲最不愿意面对的。我对她说：“父亲走得没有痛苦，也算是一件好事。都说这是修来的福气。”母亲轻轻地点了点头，可这一句却让她一直忍耐着的情绪爆发了出来，眼泪汩汩而下。我鼻子一酸，也跟着默默流泪。

母亲收拾得仔细，连早年父亲刚刚参加工作时获得的奖章都翻找了出来。这些我让她继续收好，也便留个念想。其实所谓的“收拾”无非是将父亲的东西全部清扫干净，以免睹物思人，令活着的人无法走出悲伤，终日以泪洗面。我曾计划过连房子也一并卖掉，让母亲搬来同我一起生活。可冷静下来一想，父亲大抵是不会同意我这样做的。毕竟他奋斗一生，到头来留给母亲的也就这么一套房子遮风避雨。于是放弃了这个念头。

几日之后，想把父亲生前躺过的床换掉。也并非是什么特殊的理由，总归无法走出阴霾。在整理床上用品的时候，却意外地在床垫下面翻出一张年画，记忆的闸门再一次被撞开。

父亲生前是喜欢年画的。

那时候我年纪还小，爷爷奶奶也都还健在。一家人挤在三间平房里倒也不觉得狭小。春节前夕，父亲就会高高兴兴地置办年货，其中就包括年画。或许是老年间传下来的思想，总觉得年画上的胖娃娃可以招来好运，特别是在子嗣方面。贴上几张，除了增添了喜庆的节日氛围，家里也会人丁兴旺起来。

后来我渐渐长大，父亲单位分了楼房，我们也从爷爷奶奶那里搬了出来。当然父亲母亲也没有再给我添个弟弟或者妹妹，我始终是一个人。这会儿回想起来，他们是有过这样的想法的，但在我“以死相逼”之下苦笑着放弃了。我一度觉得自己在幼年时就成功要挟了他们，是一件非常了不起的事。不过后来母亲偷偷告诉我，其实最主要的原因还是父亲在国企，计划生育的政策是要坚决执行的。

我试着去猜测，假如有个弟弟或者妹妹，他不仅分走了父母的疼爱和关怀，在这段特殊的日子里，是否同样可以分走我一半的悲伤和想念？

如果，可以该有多好！

手中的年画上，同样是白皙圆润的胖娃娃。颊边有腮红，小嘴也涂上了胭脂，手中捧着一条大红鲤，笑起来的样子像是雨后横跨天际的彩虹。

搬进楼房之后母亲便不让在墙上贴年画了。往后的几年，再置办年货的时候，父亲回来叹着气说："卖这种老式年画的人越来越少了。价格倒是上涨了不少。"这几年到处都在拆迁，爷爷奶奶住的平房也被夷为平地。高楼大厦渐渐占据了眼球，倒是春节时，越来越没有了"年味"。那年，刚好我考上了大学。放假回来的几天排得满满当当的，也没有注意过家里的门窗上都贴了什么。当然更没有注意过，父母失落的目光和默默的叹气声。

记忆中，家里整整六年没有贴过任何东西，因为爷爷奶奶接连去世。老辈人说，家里有亲人去世，到了春节的时候是不能见红的。父亲原本就不是能说会道的人，三年又三年，在这期间他显得越发沉默。而此时我已经毕业，却没有一份稳定的工作。自小喜欢写作的我，没有听从他的安排而是选择了坚持下去。不过在父亲看来，我靠着微薄的稿费根本没有办法养活自己。于是那段时日，他没有给过我好脸色，一有空就爱数落几句。但我的脾气他是了解的，哪里管用。直到第一部小说上市了，他的唠叨和担心才真正终止。

安心的日子却没有过上几天，父亲又开始惦记我的婚姻大事。一次相亲之后，他走在前面，走得不快，我突然发现他的腰弯了，脊背也开始佝偻。原本相亲中的不悦变成了心酸。这才想起来，这几年的春节，父亲置办年货时再也没有了笑容，尽管大包小包地买回家，可除了疲惫寻不到其他。或许他也没有走出爷爷奶奶离世的阴霾吧。

我开始怀念，一家人挤在平房里的日子。那时的墙上贴满了年画。

在父亲床下翻出的这张年画却不是春节的时候买的。他真正开心起来，是我结了婚，因为怀孕搬回家里住的那段时间。他像置办年货一样，每天都要去市场上采购。幸好我孕期反应不大，更没有孕吐，于是父亲更加拼命地往我嘴里塞各种美食。有时遇上不爱吃的东西，他便说：“这哪里是给你吃的！只要对孩子好，硬着头皮你也要吃！”他这样说的时候，我还有些不理解。可后来母亲说，父亲就是这样的脾气，疼孩子便是疼我。这样想起来，也就释然了。

孕期过半的时候，有一日父亲风风火火地从外面回来，手里便拎着这张年画。他笑得像个孩子，坚持让我把年画贴在墙上。他说，每日看着年画，肚子里的孩子便能像这年画上的胖娃娃一般可爱。我推托，觉得没有半分道理。可看着父亲的样子，还是忍不住贴了上去。孩子出生的时候，父亲高兴得直拍手，一个劲念叨着：“真像！真像！”

我不记得年画是什么时候被父亲摘下来藏在床垫下面的。等到回过神的时候，眼泪早已经滴满了那胖娃娃的脸，仿佛那粉红的胭脂都开始晕开。

总希望可以寻得一处小桥流水宁静深远，让父亲离开后的悲伤可以寄托。然而却发现，寻的，仅仅是自己心底的一份不舍。我开始懂得，那些年父亲的沉默和郁郁寡欢。

一阵响动，工人正要将床搬出去。我赶紧喊了出来：“等等！”

母亲不解地望向我。

“不换了。这些都是父亲与我们一同生活过的记忆。”我擦干眼泪，将年画小心翼翼地放回到床垫下面。

胡国平：天津市作家协会会员，天津市作家协会第四届委员会委员。河北南皮人，1984 年 10 月入伍，2003 年 10 月转业，现任天津市西青区作家协会会员，《杨柳青》杂志副主编、专栏作家。长于诗歌创作，兼有散文发表。

以文化人　德润西青

胡国平

岁月不惑，春秋正隆。

桃李不言，下自成蹊。

40年，党带领全国人民爬坡过坎、攻坚克难，以锐意创新的勇气、敢为人先的锐气、蓬勃向上的朝气，谱写了一曲惊天动地的壮丽凯歌！40年，在960多万平方公里的大地上，每天都进行着新的实践、演绎着新的生活、创造着新的奇迹。日新月异的时代巨变，描绘着一幅波澜壮阔的改革画卷！

顺时应势，击水行舟。

周虽旧邦，其命维新。

从小岗破冰，深圳兴涛，海南弄潮，到浦东逐浪，雄安扬波……40年弹指一挥间。改革开放的浪潮浩荡，让神州大地在“历史的一瞬”翻天覆地、沧海桑田。从西部开发、东北振兴、中部崛起，到京津冀协同、规划长江……40年飞跃万水千山。

改革开放的浪潮浩荡，形塑着当代中国的崭新模样。

一组组数据、一个个数字，不仅是书写着一个又一个传奇，更是记录着人民生活从短缺到殷实。一串串事例、一幕幕场景，刷新着一个又一个里程碑，更印证着我大中国从贫弱到全民小康。

在祖国的怀抱里，西青人民信心满怀，40 年勇立潮头，戮力前行。在改革的大潮中，西青人民昂扬自信，40 年锐意创新，先试先行。

40 年，地区生产总值从 0.75 亿元增长到 1072.3 亿元，1432 倍！这是一份沉甸甸的答卷。40 年，人均可支配收入从 188 元增长到 27265 元，145 倍！这是真真切切的获得感！

西青是一个有着厚重的历史文化底蕴和独特的地域文化魅力的地方，丰厚的民俗资源优势、文化资源优势，革命历史资源优势和地缘优势在这里凝聚成了“兼收并蓄、博采众长的运河文化；丰富多彩、包容开放的民俗文化；含蓄内敛、精益求精的年画文化；耕读传家、尊贵典雅的大院文化；开拓创新、敢为人先的赶大营文化；修身爱国、自强不息的精武文化；运筹帷幄、决战决胜的红色文化；科技引领、人文和谐的生态文化。”

大道之行，天下为公；

万物各得，其合以生。

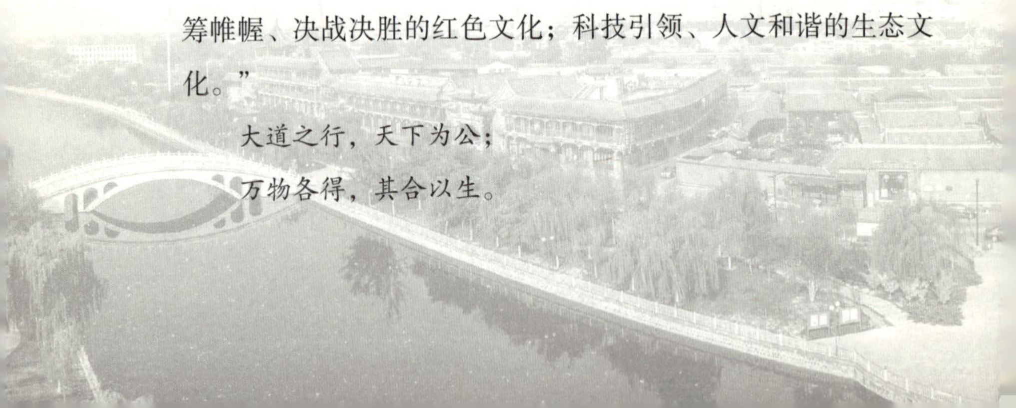

同心同德，同向同行；

万物各得，其养以成。

理念是行动的先导，理念的坐标轴有多高，发展的空间就有多大。既然选择了“为人民服务”作为信仰，就要善于在“市场大学”“开放大学”“绿色大学”“创新大学”“人民大学”的大课堂上汲取养分、拓宽视野、砥砺品质、增智提能，把新发展理念的真理力量转化为跨越发展的生动实践。多年以来，西青的领导者和建设者们，把公共文化服务建设作为“服务人民、造福百姓”的大事，连续多年把推动基层文化服务中心的建、管、用等环节列入民心工程，精准管理，量化指标，条块联动，绩效倒查，形成了既分工又合作的良好局面，为人民群众享有均衡、充分的公共文化服务提供了良好的条件和基础。

首先是在“供给侧”形成合力。把基层综合性文化服务中心建设与“创建文明城区”有机联动，多部门和街镇政府协同合作，街（镇）提供基层综合文化服务中心的主体场所，文化部门负责补充图书、乐器、音响设备等文化用品，对文化队伍建设资金补贴和师资的支持，相关部门鼎力支持，使街镇综合文化服务中心建设完全实现了合力共建、资源共享。

第二是用“种文化”奠定基础。紧紧围绕人才培养做大文章、实文章、细文章，从建立专业人才、业余文化骨干、普通群众三支队伍入手，全面实施文化素质提升工程。每年依托文化站长培训、文化骨干培训、村级文化干部培训、社区文化干部培训、群众文化队伍负责人培训、文化大讲堂、民族戏曲演出等平台，对街镇、村级文化干部进行书法、美术、戏曲、舞蹈等基本知识培训及文化队伍管理的重点培训。同时，开展了以“精准帮扶种文化”为关键措施的培训，派遣专业文艺骨干包街镇长期驻地开展特色文化培训，通过多层面的培训，不仅提高了文化干部的工作能力、知识水平、创新精神和服务意识，同时提高了基层文体中心的实际效能，促进了全区公共文化服务整体水平的提高。

第三是在活动中巩固成果。西青文化人按照“一条主线，两个重点，三个基础，四项机制”的工作思路，开展群众文化队伍长效发展管理的创建工作，为全区政治、经济、社会发展营造良好的人文环境。结合街（镇）、村（居）的自身特点和全区人民群众的文化需求，注重打造特色文化项目是我们长期坚持的基本做法。如辛口镇依托于辛口小学致力于曲艺艺术的培训传承，杨柳青镇关注于戏曲艺术发掘培养，精武镇致力于精武武术的传承、李七庄依托于邓店、王兰庄倾力于书画之乡的打造，大寺镇大力促进舞蹈艺术的推广、中北镇全力打造合唱之乡、王稳庄倾向于歌舞的文化培训等。做到了“村村有队伍、天天有活动，比赛能获奖，富裕又文明”，确保了特色文化队伍在活动中得到成长，广大人民群众在丰富多彩的文化活动中自觉践行社会主义核心价值观。

第四是让制度化保障效能。近年来西青区颁布了《关于加快构建现代公共文化服务体系的实施意见》等系列文件，完善了考核指标，对全区基层文化阵地的具体工作提出了明确要求，更好地保障了群众基本文化权益，推动“西青区群众文化队伍长效发展管理机制”和“基层综合性文化服务中心建设”两个试点项目的创建，工作成果惠及人民群众。

种下绿色，就能收获美丽；种下希望，就能收获未来。不忘初心、砥砺前行中的西青，已经站在了新的历史起点上，一个具有强劲实力、独特魅力和蓬勃活力的，富强、民主、文明、和谐、美丽的新西青正向我们走来！

2018 年 9 月 25 日

高林有：中国作家协会会员，中国散文学会理事，天津作家协会会员，天津作协文学院签约项目作家，研究员职称。

散文集《家乡那条河》获第五届冰心散文奖和孙犁全国散文大赛一等奖。

沙窝萝卜，天津的一张亮丽名片

高林有

大运河千年流淌，流出了多少故事和传说。

在承载着千船百舸、孕育了中华民族水运文化，代代相传的同时，又有多少古镇、古村繁衍两岸，天津的杨柳青便在其中。运河文化滴滴滋润，悄声打造着这个名不见经传的小镇，随着时间的推移和时代的演进，她越发显现出旺盛的生机和无穷的魅力。因而，这块宝地之上，名人、名品、名居应运而生，诸如杨柳青年画、沙窝萝卜、石家大院等如数家珍。

天津著名农产品数不胜数，杨柳青沙窝萝卜却是绿中瑰宝。天津人爱吃海货众所周知，因此吃青萝卜饮茶更是家家习俗。茶：止渴生津，明目清心，消炎解毒，驱乏轻身。青萝卜：理气化痰，消食化积，防癌抗癌。“青萝卜就热茶，气的郎中满街爬”，是天津人耳熟能详的俗语。而已有300多年播种历史的沙窝萝卜的功效更是奇妙超群，故有沙窝萝卜赛鸭梨之说。据传，当年乾隆皇帝下江南，走运河途经小沙窝忽然口渴难挨，但见一少女在河边浣衣，忙差人前去寻水，少女却从篮中取出一枚沙窝萝卜递与差人。乾隆吃后爽心悦目。赞曰，早知有沙窝萝卜，何必吃鸭梨？这虽是口口相传，却也有诗句为证：

乾隆皇帝下江南，
焦渴难捱坐龙船；
满桌瓜果无滋味，
百无聊赖眺岸边。

船行辛口沙窝地，
村姑浣纱杨柳般；
天子借问消渴物？
芦菔玉手献托盘。

脆甜可口龙颜悦，
疑是鲜果降人间；
笑曰贵妃见识少，
何必累马荔枝还！

如果认为此诗是文人杜撰，那么请看史书对青萝卜的真切记载。早在2500多年前的《诗经》就有记载，元代诗人许有壬这样赞美青萝卜，“热登甘似芋，生荐脆如梨。老病消凝滞，奇功直品题。”沙窝萝卜是芦菔之上品，据《静海县志》记载，津郊盛产萝卜，“绿者以沙窝产为良，味如水果然”。

沙窝萝卜的形成和发展却不是有个人就可以随意演绎的，是依靠其特有的土壤、水质、天然环境小气候和菜农们多少年的潜心栽培才获得的珍品。沙窝村位于辛口镇西南部南运河西侧，以往南运河水高涨溢时，洪水经常泄入村北的莲花淀，久而久之莲花淀泥沙聚集形成较深的沙涡。后来莲花淀逐渐形成平地，沙涡处淤积大量的红白沙土，日积月累形成“沙窝”，这沙窝的土壤不同于普通的土壤，除有运河带来的黄土高原的沙土之外，还有大量的腐殖质，珍贵十分。其特点是上沙下黏，营养丰富，保水保肥、通透性能好，再加上杨柳青地区雨水充沛、四季分明的天然小气候，因此造就了沙窝萝卜独有的生长环境。

独有的生长环境形成了沙窝萝卜独有的品质。沙窝萝卜外形均匀整齐，表皮光滑细腻，颜色翠绿，其质甜辣可口，鲜嫩多汁无渣。食用范围广泛，可生食、熟食和腌制等，营养价值高，含有淀粉酶、芥辣油、莱菔子素等多种特殊成分。

沙窝萝卜以其独特的营养和医用价值享誉海内外。我国北方冬春季节气候干燥，容易产生中医称之为“上火”的症状，为了消除这种症状，人们发明了既能开胃消食又能祛火滋阴的食疗偏方，那就是“萝卜热茶”。尤其在我们天津地区，自深秋起到来年春天，青萝卜是家家离不开的桌上食品。而沙窝萝卜还具有预防感冒、祛痰、止咳、止泻利尿等功效，不仅是“蔬中珍品”，而且每到年节，还成了人们馈送亲友的上等礼品。

如今的沙窝萝卜种植已成规模，销售网络不仅遍布津城，而且已经走向全国，就连北京的不少五星级酒店也见到了沙窝萝卜的倩影。有一次我到李存葆将军家拜访，他对桌上摆着的山东潍坊萝卜赞不绝口。潍坊萝卜细长如仕女，肉色如翡翠，味道确实不错。当我介绍了天津沙窝萝卜之后，引起了他对沙窝萝卜的浓厚兴趣。我顺势调侃，潍坊萝卜体形美、颜色佳，但吃起来不如沙窝萝卜水分大、甜度高。将军说，嘴说为虚眼见为实，有机会我要亲自去看看。

来年春节前夕，李存葆将军一行来天津走访了小沙窝村，先后参观访问了小沙窝村曙光沙窝萝卜专业合作社和农户的萝卜大棚。引领我们进村下田的是一位年近 50 的庄稼人，他家祖祖辈辈种沙窝萝卜，到他这辈已经是第 19 代了。他就是西青区辛口镇小沙窝村曙光沙窝萝卜专业合作社的李社长。时值严冬，村外柏油公路两旁，一排排整齐的塑料大棚伸向远方，靠近路边的电线杆或树枝上挂着一道道横幅，词语时尚而亲切。“货真价实，现拔现卖”“电话预订，送货上门”……李社长介绍，前些年由于一家一户的种植，设备落后，方法传统，互相压价，加上假冒产品充斥市场，农民无力抵御品种退化、自然灾害和市场风险的困扰，使沙窝萝卜遇到了前所未有的窘境。2007 年

9 月，李社长组织成立了曙光合作社，从技术创新、设备投资、市场开发等产前、产中、产后环节为农户提供服务，使沙窝萝卜生产走上稳步发展之路。去年，合作社麾下的 1000 多亩萝卜尽产尽销，还有 100 多万公斤出口海外。

沿着一条红砖砌成的田间小路，我们走进一座新建的塑料大棚里。北面是一人多高的砖墙，东西两侧的砖墙呈坡形，南面是整体的塑料薄膜覆盖。棚内阳光充足，温如爽秋；地上盈尺高的萝卜整齐挺立，如秦始皇兵马俑，只是个个头顶绿缨帽，比兵马俑多了几分生气。40 多岁的女主人满脸喜气，她蹲在田埂上一边拧着萝卜（农民管拔萝卜叫“拧萝卜”），一边对我们说：“多亏了合作社帮我们建了大棚，才使这萝卜收获期从霜降节一直延续到春节。”天津农谚有“头伏（种）萝卜，二伏（种）菜，霜降萝卜拧（收）下来”的说法，采用大棚播种萝卜，可以增加生产时间 3 个多月，这是令女主人欣喜的事，也是食客的口福。大棚一角，收获装箱的萝卜整齐码放，待命而发。西青区作家协会主席陈子茹顺手拧下一只，去掉绿缨，只用手掌轻轻一击，萝卜立马爆裂，分给每人一块品尝，脆、甜、酥、爽，是大家的一致赞美！李存葆将军再也忍不住了，蹲下身拧下一只硕大的萝卜，上下左右仔细端详。主人说着砸碎一棵分给我们品尝，李存葆赞不绝口，嘿，真是赛鸭梨啊！

在田头与专门研究沙窝萝卜历史的李宗岣老师攀谈，言及沙窝萝卜种植300年，恐怕不止如此。天津乃退海之地，先灶盐，后漕运，再农耕是为常理。有史料记载，早在1613年10月，徐光启来天津葛沽兴办农事，购荒田2000亩试种“南种北引”，品种除水稻、小麦、高粱、薯类外，还有青萝卜、胡萝卜、菠菜、韭菜、芫荽等。且播种面积及技术逐步扩大，以至到大任庄一带。小沙窝独特的水土适合了青萝卜的生长条件，逐成优良品种，这是小沙窝人的贡献。后来李老师给我发来电子邮件，展示天津解放初期农林部门的一份资料。早在中华人民共和国成立前，天津就有出口青萝卜和大白菜的历史，当时青萝卜统称叫“卫青萝卜”，产地有三，小沙窝、葛沽和灰堆。资料里对这三个地方生产的青萝卜均有表述，但以沙窝萝卜的文字最多最佳。称“沙窝卫青萝卜（大花、大缨子），地方优良品种，叶片生长势强，羽状复叶深裂，所占比重较二路缨子为大。肉质根大，一般重一斤以上，大者可达三斤以上，外皮绿色，有五分之四露在地面之上。耐贮藏，不易糠心，有后热作用，通过贮藏可使含糖量增加”。这是农业专家对“沙窝萝卜”的鉴定，具有权威性。

他还告诉我们，为了提高沙窝萝卜独特的品质优势，近年来辛口镇组织科技人员对沙窝萝卜进行了细致的研究，并与天津市科委签订了“沙窝萝卜周年栽培技术的研究与示范”的科技攻关项目合同，沙窝萝卜已由过去单一秋季生产，发展到周年供应的技术水平。同时，他们还建设了沙窝萝卜品种提纯复壮和标准化栽培示范基地，保证了沙窝萝卜品种有量化和栽培标准化。

为确保沙窝萝卜品质，自 2006 年起，辛口镇对农民实行授权种植，推广无公害种植技术，统一包装上市，并印刷、颁发“身份证”和“户口簿”，详细标明产品的棚室编号、种植人姓名等，一旦发现品质等问题，销售部门可根据“身份证”“户口簿”，对责任人进行问责。

此外，镇里还把沙窝萝卜种植销售与旅游结合起来，从 2009 年起开始举办“中国沙窝萝卜旅游文化节暨辛口都市农业观光游”活动，推出观光、采摘、和租种都市小菜园等项目，让长期生活在大城市的市民们过一把“都市农民瘾”。

是啊，沙窝萝卜与杨柳青年画一样，已经成为天津乃至中国的一张独具魅力的亮丽名片！

2018 年 9 月 12 日

郭大光： 中国小说学会会员，中国报告文学学会会员，天津市作家协会会员，天津市民间文艺家协会会员，天津市梁斌研究会理事，天津市海河之北诗社社长，河北区作家协会副主席。出版个人专著三部，发表文学作品385万字，编纂文史、民间故事类作品903万字，部分作品获省级及全国奖项。

年画的殉道者

郭大光

受天津市作家协会指派和西青区区委宣传部之邀，有幸走进千年古镇杨柳青。人灵地杰的杨柳青孕育出驰名中外、闻名遐迩的杨柳青木版年画。时逢四十年来改革开放千载难逢时机，闯出了一位用生命作画，用鲜血点染丹青，迄今皓首穷经、省身悟道的杨柳青木版年画霍氏第六代传人、霍氏古一张画店主人、国家级非物质文化传承人霍庆有。数日来与杨柳青镇、杨柳青木版年画、霍庆有先生多方位接触，令鄙人收益、感悟、感慨良多，不期然而然。

一

水是生命之源，古埃及的人类发祥于尼罗河流域。水也成为铸就城市的血脉：尼罗河铸就了开罗；哈德逊河铸就了纽约；

塞纳河铸就了巴黎；多瑙河铸就了维也纳。水是人类繁衍的血脉、城市的血脉、经济的血脉、文化的血脉。

有个千年古镇诞生于两河之间，“二水中分云窈窕，几家杨柳木芙蓉”。镇北有条退海后天然生成的子牙河，镇南幸临世界第一条人工开凿的京杭大运河，一区区小镇受到两条河水的亲吻与滋润，世界罕见，上苍如此偏袒、眷顾她，她就是物华天宝、人杰地灵的杨柳青镇。水、河激荡杨柳青镇孕育出了斐济海内外的世界非物质文化遗产——杨柳青木版年画。

杨柳青镇设置穷原竟委，溯北宋景德年间，设柳口镇，为建置之发轫 。元代文人揭口斯游历此，书赋《杨柳青谣》，据考为杨柳青称谓最早的文字。明永乐十三年（1415 年），京杭大运河全线贯通，杨柳青漕运兴起，成为北方商业重镇。明嘉靖至清康熙、雍正年间，杨柳青得漕运之利，舟楫林立，蘼芜绕船，帆影重重，杨柳垂驿，商贾云集，促商贸业鼎盛繁荣，成为沟通南北货物流通的集散地，被誉为“北国江南”“沽上扬州”。文人雅士也慕名而至。明代江南才子吴承恩流连杨柳青美景，书诗盛赞：“村旗夸酒莲花白，津鼓开帆杨柳青。”

清乾隆帝下江南时，见其堤岸杨柳青青，欣然赐名“杨柳青”，并盛赞其“胜似小苏杭”。从此以后，杨柳青声誉鹊起，愈来愈声名远播。

二

杨柳青年画全称“杨柳青木版彩绘年画”，属于半印半绘制品，是著名的中国民间木版年画之一。

杨柳青木版年画是我国北方流传最广、影响最大的民间年画品种，与江苏桃花坞、山东潍县杨家埠、四川锦竹年画齐名，为中国四大年画产地之一。杨柳青年画产生于明代崇祯年间，据传说，当时有一名善于雕刻的民间艺人避难来到杨柳青，逢年过节刻些灶王、门神之类木版年画出卖，镇上的人争相模仿。到了明永乐年间，大运河重新疏通，南方精致的纸张、水彩颜料运到杨柳青，促使这里的绘画彩绘艺术得到空前发展。杨柳青木版年画继承宋代和元代绘画传统，并吸收明代木刻版画形式，采用木版套印和手工彩绘相结合方式，创造出喜气吉祥、鲜明活泼、富有感人题材的独特风格。清朝中叶，杨柳青有逾百家私人年画作坊，从事画业人员逾三千人。杨柳青三趟大街都是卖画的店铺，入冬至年关时节全国各地买画商人接踵而至，熙熙攘攘，盛况空前。

清代康乾时期，杨柳青年画主要风格是严谨，背景简洁，并注重人物神情的刻画。清代嘉庆、道光年间，杨柳青木版年画的风格有所变化，逐渐趋于活泼，背景迥异，画面热闹，色彩更为丰富。

清代光绪以前，是杨柳青木版年画发展的鼎盛时期。以杨柳青镇为中心，发展到周边的南乡周家庄、李家庄、赵家庄、古佛寺、炒米店、木厂、冯高庄、郭家庄、大杜庄、小杜庄、宣家院、毕家村、小甸子村、宫家庄等32个村庄，大都从事年画作坊生产。

到了清末民初时期，社会动荡，农村凋敝，石印年画刚刚兴起，杨柳青年画生产则日渐衰落，到国内革命战争、抗日战争和解放战争时期，社会更加动荡，在杨柳青镇，杨柳青木版年画没有生存空间，经营年画作坊逐步转移到天津，杨柳青年画印制上失去传统用料和工艺，逐渐采用外国进口的洋纸洋色，做工却日渐粗糙，作品虽仍然保持红火热闹特色，但整个年画市场停滞不前，杨柳青木版年画作坊、画店难以为继，相继倒闭，至中华人民共和国成立前已濒于艺绝人亡惨境。

中华人民共和国成立后，杨柳青年画重见天日。20世纪50年代，周恩来总理曾到杨柳青画社视察，给杨柳青年画带来了巨大的关爱与鼓励。在党和政府的关怀下，为挽救杨柳青年画，各级政府和有关部门曾多次举办杨柳青年画评选活动，涌现出些许优秀作品。随着党和政府对杨柳青年画的扶持和民间艺人对乡土的艺术感情，杨柳青年画发展迅猛，其知名度也日益提高，杨柳青年画作坊如雨后春笋般蓬勃发展起来。

杨柳青年画既有版画的刀法韵味，又有绘画的笔触色调，构成与一般绘画和其他年画迥异的艺术特色和韵味。

杨柳青年画题材范围广泛，包括：风俗、历史故事、戏曲人物、娃娃、美人、花卉、山水等，尤以反映现实生活、时事风俗、历史故事等题材为特长。不仅富有艺术欣赏性，而且具有珍贵的史料研究价值。以这些优秀作品为代表的现实主义和浪漫主义相结合的优良传统，形成了杨柳青年画艺术的主流。

年画特点是通过寓意、写实等多种手法表现人民的美好情感和愿望，尤以直接反映各个时期的风俗及历史故事等见长。如年画《莲年有余》，画面上的娃娃“童颜佛身，戏姿武架”，怀抱鲤鱼，手拿莲花，取其谐音，寓意生活富足，早已深入国人之心，并成为杨柳青木版年画中招牌式最经典代表。

杨柳青年画的艺术特点是多方面的，形成其艺术特点的条件也是多方面的。其中较为突出的则是表现在制作上。制作时，由于彩绘艺人的表现手法不同，同样一幅杨柳青年画坯子（未经彩绘处理的墨线或套版的半成品），可以分别画成精描细绘的“细活”及豪放粗犷的“粗活”，因艺术风格迥然不同，故艺术价值有所差异。

杨柳青年画受到北方版画和院体画影响，精工细腻，有画、刻、印、描、开脸等多种工序。木版年画作坊拥有画师、雕版师、刷印工、裱工，还有以填色、开脸为副业的农民。一张年画除画师创作外，从刻版到水印加彩完成，还要众多民间艺人通力合作。杨柳青的画师有相当高的技艺，清代时有的还曾被邀请进宫廷作画。

杨柳青木版年画历史渊源久远，制作精细，且产量多，在中国民间年画中具有极其重要的代表性。

杨柳青木版年画题材风格各朝代、时代，均有不同特色。明代遗物所见甚少，有手绘及版印填色两种，而版印者犹未离书籍插图之规范。清代康乾年间，年画中一部分承续传统题材、历史名人故事等，同时也有表现吉祥昌盛美好幸福的美女、娃娃等，套印涂色上极力追求院画风格。其后随着社会相对稳定及经济繁荣，年画中适应观众心理要求尽力向场面繁华热闹、人物众多、结构复杂方向发展，且历史及戏曲题材日益增多，绘刻精细，色彩雅致，还有张幅大者，供应对象多数为城市市民。

杨柳青木版年画题材中，一大种类是娃娃。这些娃娃体态丰腴，活泼可爱。他们或手持莲花，或怀抱鲤鱼，都象征吉祥美好，惹人喜爱。

有些年画是贴在大门上的，因此又称“门画”。门画中内容包括：门神、财神、门童。门神又有几种：有捉鬼驱邪的钟馗，挂在门背后有手持兵器的古代武将。在两扇门上，一边是关公，一边是张飞；或是一边是秦叔宝，一边是尉迟恭；或是一边是程咬金，一边是罗成。财神也分文财神和武财神。一边是手展“招财进宝”的比干，一边是手展“双喜临门”赵公明。门童有胖娃娃、鲤鱼跳龙门等。

杨柳青年画采用寓意写实等手法，构思巧妙别致，线条流畅清晰，敷彩古朴典雅，富于浓郁的生活气息。如反映人民群众向往国泰民安和幸福生活的《富寿平安》《万象更新》《莲年有余》等作品。

杨柳青年画取材内容极为广泛，特别是那些与人民生活密切关联的题材的，如《庆赏元宵》《庄稼忙》《携壹南村访旧识》《渔妇》《秋江晚渡》《新年多吉庆，合家乐安然》；以及带有时事新闻性质的，如《文明娶亲》《女子求学》《抢当铺》等。

杨柳青木版年画中的娃娃仕女、戏曲故事、时样节景、花果清供等类别的，如《五谷丰登》《麒麟送子》《五子夺莲》《忠义堂》等，很受人们的喜爱。

三

霍庆有先生生于杨柳青木版年画世家，是霍氏第六代传人，当下杨柳青木板年画杰出的最具代表性的人物，是国家级非物质文化遗产代表性人物。下面把调查该家族并经其亲自确认的霍氏六代传人公布如下，以正视听，以飨读者。

第一代传人霍某（历史原因，名字不详，生卒不详，以下同）。

第二代传人霍成仲。

第三代传人霍庭汉。

第四代传人霍福森（？—1918）。

第五代传人霍玉棠（1902—1982）。

（作坊牌匾：玉成号画庄。）

第六代传人霍庆有（生于1952年，健在）

［画店牌匾：霍氏古一张画店（已注册）］

作者郑重提示：霍氏第五代传人霍玉棠的“棠”字，是海“棠”的“棠”，而绝非礼“堂”的“堂”。这是经过鄙人与霍氏第六代传人霍庆有及其子霍树林反复核实、确定的。在此之前，鄙人在查阅诸多资料及地方志中，霍玉棠均显现为“霍玉堂”，实属以讹传讹。诚望宛若今后再引用该名，应尊重本家族的意见，以此为准。

霍庆有先生与胞兄霍庆顺在平房改造前各住一个旧式四合院，合伙经营父亲遗留下来的“玉成号”年画作坊。平房改造后，兄弟两人分得两处楼房。胞兄延续着“玉成号画庄”招牌。霍庆有则打起了“霍氏古一张画店”的招牌。

大凡杨柳青木版年画艺人都有艺名，霍玉棠的艺名是“玉成”；霍庆有的艺名是“古一张”。杨柳青画界老话云：“杨柳青年画每年古一张，不知落在哪一方。”此“古”为“活”的意思，喻为每年杨柳青年画上的人或物变成真的，活了，唯不知这张画被卖到了哪一处。诚然，霍庆有即企盼着本人的年画就是那“古”了的一张。

要做到这一点他不矜不伐地对我敷陈：霍家虽然是著名年画世家，从清中叶第一代传人伊始，到第六代传人霍庆有，一百多年沧海桑田，火序岁寒，荆棘载途，历经坎坷，数次凋零又数次起死回生，不是霍氏，或某氏的能耐，而是杨柳青木版年画具有强大的、顽强的生命力！

1926年父亲霍玉棠创办“玉成号”画庄，历经社会动荡、战乱，直到中华人民共和国初期年画生意苟延残喘，历经艰难险阻。1953年，文化部派人普查时，杨柳青镇仅剩下“玉成号”唯一一家画庄。在党和各级政府的大力支持下，霍玉棠的积极性调动起了，他主动联系6位手艺好的艺人成立了杨柳青年画生产互助组。1956年，在互助组基础上扩大成立了杨柳青镇和平画业生产合作社。1958年杨柳青镇和平画业生产合作社与天津市“荣宝斋”合并，更名为“天津市杨柳青画店”。1960年杨柳青画店从杨柳青迁往市内。此后数年间杨柳青镇内再无一家个体年画作坊、店铺，霍玉棠和其女儿都成为杨柳青画店的职工。

20世纪60年代中期以及中后期那个特殊历史年代，杨柳青木版年画被诬蔑为“四旧”“牛鬼蛇神”遭“干净彻底消灭”之劫难，濒临灭绝。霍玉棠冒险把精华的版样皮藏进锅台、炕洞和屋檐下。

1980 年 10 月，霍庆有先生从大港油田调到天津二石化，干起了他从小就喜欢的木工活。抢救杨柳青年画需要资金的支持，他不能丢掉那唯一的资金来源——工资。岁月的流逝让他开始思考一些问题，并跟自己较上了劲儿，他立志要将家传的杨柳青木版年画手艺继承下来，绝不能在自己手中失传。

他重新踏上正式学艺之路，艺海无涯苦作舟，他犹如西班牙斗牛赛场上奋勇奔前的一头彪悍的斗牛，不管不顾地一个劲儿地向前猛冲……

霍庆有先生家里有个 7 平方米的小西厢房，成了他练功、学艺的“私人画室”，外人一概免进（当然包括他的妻儿）。他一头扎进“私人画室”把门反锁上，练就绘制杨柳青木版年画的本领。

一幅杨柳青木版年画要经过勾、刻、印、画、裱五道工序：勾，即勾勒轮廓；刻，即将勾成的轮廓刻成版样；印，即将版样印在纸上；画，即在纸上的轮廓涂彩；裱，即将成形的图画装裱起来。每一幅画都要画师艺人亲自动手。画每一幅画都是一次独立创作。奇异的是，通常人们画画都是坐在椅子上，伏在桌子上，但绘制杨柳青年画则是站立在地上往“门板”上画。画室里安了一排可以随意开合的门板，人们叫它“画门子”，印上轮廓的宣纸贴在上面，作画人就站在画门子前，一边画一边端详，一边端详一边画，啥时感觉完美了，啥时收笔。一幅画下来少则三天五天，多则十天半个月，这叫一个“功夫劲”。杨柳青人心性细腻有耐力，不怕反复推敲，也不怕推倒重来，敬艺术如敬神，虔诚，一丝不苟，敬畏之心苍天可见。

霍庆有先生一旦踏进“私人画室”，往往忘记了吃饭，忘记了时间……妻子几次敲门也不开，成了“魔怔”了。霍庆有绘制木版年画功夫猛涨，但是身体严重透支，面黄肌瘦，出现低烧、厌食、浑身无力，他却依然故我。

霍庆有先生理想很丰满，现实很骨感，终有一天“咕咚”一声栽倒在地……不省人事。经诊断，他劳累过度，得的是肝硬化。家人抬着他四处奔走八方求医，病情没有好转。他执拗地躺在画室不肯离去。他老娘看在眼里，疼在心里，跟他哥哥霍庆顺说：“你要不想叫你弟弟累死，你就帮帮他。”于是霍庆顺也从此加入了杨柳青木版年画保卫战，后来与霍庆有一同成为了国家级非物质文化遗产传承人，人们习称“二霍”，特指这哥俩。

早已退休赋闲在家的父亲见到儿子如此痴迷杨柳青木版年画艺术，万分欣慰，亲授秘诀。霍庆有年画手艺飞速进步，真正开始研究杨柳青木版年画每道工序的技法。他在车间做完木工活之后，就拿着刻刀练习雕刻工艺。利用节假日、公休日跑遍周边的四邻八乡和中国著名的年画产地，淘换古画和有借鉴价值的版样。功夫不负有心人，经过多年的磨炼，霍庆有成为杨柳青年画业内为数不多的集勾、刻、印、绘、裱于一身的全才年画艺人，尤其擅长出样稿、刻版，他刻制的木版，线条流畅、细腻、清晰、稳健，全面、精准地传承和发扬了杨柳青木版年画技艺的精髓。

1982 年，霍玉棠弥留之际，手指着锅台、炕洞、屋檐断断续续地对霍庆有说："你要保护好、利用好这些版样……咱这杨柳青没有了年画还叫什么杨柳青？"霍庆有先生屏息谛听父亲最后的叮嘱……

他听懂了父亲遗愿，坚定地向老人表态——"爹您老放心吧，我拼命也要救活杨柳青年画！"父亲深知霍庆有说到做到的秉性，放心地走了。霍庆有先生顿时泫然泪下，长声哭泣……

霍庆有先生聪颖过人，从小在父亲和姐姐身边耳濡目染，所谓"门里出身，自会三分"，总是有些底子的。曾经繁荣一时的杨柳青年画到 20 世纪 80 年代初，却是一片凋敝景象，令霍庆有心寒和不甘。

1993 年，霍庆有先生和胞兄霍庆顺，在一些杨柳青年画老艺人的帮助下，重新恢复"玉成号画庄"的招牌，成为杨柳青镇改革开放以来恢复的第一家私人杨柳青木版年画画庄。

年画艺人都有艺名，霍氏兄弟父亲霍玉棠的艺名叫"玉成"，霍庆有给自己起个艺名叫"古一张"。

霍庆有先生海纳百川，开明睿智，在霍氏传统年画基础上，吸收全国木版年画百家之长，在人物造型上归纳总结出：“画将无脖颈，画女少肩膀，佛容要秀丽，神像须壮伟，美人身修长，文人犹如钉，武夫势如弓；贵家妇、宫样妆，耕织女、要时样；若要脸笑，眼睛下弯嘴上翘；若要人带愁，两眉紧锁皱，心神畅者手拈须，气怒狠者眼拱张，手抱头者心惊慌，急步行者势紧张。怒相眼挑把眉拧，哀容头垂眼开离。喜相眉舒嘴又翘，笑样口开眼又眯。”画美人诀：“鼻如胆，瓜子脸，樱桃小口蚂蚁眼；漫步走，勿乍手，要笑千万莫张口。”画娃娃诀：“短胳膊短腿大脑壳，小鼻子小眼没有脖，鼻子眉眼一块凑，千万别把骨头露。”绘制娃娃要“佛颜、童身、戏姿、武架”如此这般画出来的小宝贝，能不招人喜爱吗？

霍庆有先生谈到生产流程如数家珍，滔滔不绝，又与众不同，颇具霍氏风采：杨柳青木版年画制作中的“勾”，是指起稿。“刻”是说刻版子，版子是年画之本。印制墨线画面时，先把成沓的宣纸码齐绷紧，再量好与版子的距离，“印”的时候，先把版子喷湿，再用棕刷蘸墨抹匀（印一张涂一次墨），再把纸引过来一张覆于版子上，用形状如炕笤帚的扁长棕毛“趟子”，在纸背均匀刷，这叫“趟纸”。如果画面是由两块版子拼接而成，先后两次印刷时，要注意纸面接口连接严密，墨色一致，不要“错牙”，不要浓淡不一，印不好就成废纸了。宣纸印上墨线之后，要在背面刷上矾胶水，贴在“门子”上。贴的时候要一抖纸，纸后要吹进气，不然“贴”死了，将来纸揭不下来。“画”自然是指在墨线纸上彩绘，一般都是先绘露肉的部分：先在脸上罩层白粉打底，再上色儿染脸、勾脸，再“开眼”、点唇（这叫“出相子”），最后再用赭石色罩一遍（这叫“烘脸儿”）。彩绘时顺序是先左后右、先上后下、先浅后深，而且从传统习惯上，是把画面贴在“门子”上，这样画起来顺手、色儿匀。

如此烦琐地描述，这是鄙人有意为之，杨柳青木版年画确确实实工序多，绘画精致、耗时。还有许多没有讲到，如：“印，即将版样印在纸上。”霍庆有先生跟我就讲了两遍：“刚印出来版样稿，不能用，最少也得放置一个半月，最好放置两三年，凡绘制精品杨柳青木版年画，我都用放置三年以上的。”区区一幅杨柳青木版年画，其内道道颇多，是我等外行之辈难以想象的。

霍庆有先生寥寥数语，使我对杨柳青木版年画、对绘画人霍庆有肃然起敬。霍庆有用生命作画，用赤诚和鲜血点染丹青，他是一位忘我的、可亲可敬的杨柳青年画的殉道者。

四

守望、坚持传统与开拓、创新，是既矛盾又统一的关系。霍庆有先生思维敏捷，思想开通，紧跟改革开放形势和步伐。

他务实，他坚守传统，他尝试过“创新”，不用木版，从效果上着，使得作品失去了杨柳青木版年画应有的“本色”与韵味，最后转了一圈又回到原点。

经过实验、实践的严酷考验，他坦陈：“杨柳青木版年画关键就在‘木版’二字上，不管是民国时期的石印，后来的胶印，还是时下的‘丝漏’技艺，这些技艺都失去了这门技艺的本真，只不过是一时‘讨巧’的权宜之计。”“商品”与“艺术”是泾渭分明、截然不同的两码事。“商品”的属性是实用的，“艺术”的属性是欣赏的，是高雅的，是不能亵渎的。他更加坚定创新是在继承传统、守望传统的基础上。

霍庆有先生很注重创新，经常雕刻全新题材的木版，比如结合热点时事的1997年为香港回归而创作的《五子夺莲》，以及北京奥运会题材、上海世博会题材等。现在正筹划雕刻的一百单八将题材，它由四块木版组成，完成后将成为杨柳青木版年画史上最大的木版版样。

五

霍庆有先生对我坦陈：“宣传杨柳青木版年画既是政府责任，也是我这个‘国家级非物质文化遗产项目杨柳青木版年画的代表性传承人’的义不容辞的责任与使命”。言辞真诚，掷地有声，发聋振聩，好个文化自觉！

杨柳青木版年画首批国家级非物质文化遗产代表性传承人，一共有四人，杨柳青镇有霍庆有先生与其胞兄，霍氏兄弟二人，天津市杨柳青画店有二人。但是从技术全面性来讲，霍庆有堪称斵轮老手。

西青区区委、区政府1993年启动了“杨柳青民间艺术复兴工程”，其中重要的一项就是“杨柳青年画复兴工程”。经过几年的努力，建成了杨柳青明清街，为杨柳青木版年画提供了集中展示、交流、销售的载体与平台；开拓性地将杨柳青木版年画纳入西青区地方九年制义务教育教材，为培养杨柳青木版年画的创造、绘制人才奠定了基础；修复了安氏祠堂，将其辟为集收藏、展览以及现场表演绘制于一体的杨柳青画馆；成立了杨柳青年画业协会，组织了杨柳青木版年画交流展、中国杨柳青木版年画展、知识产权讲座、年画工艺培训等多项活动；与南开大学合作办了学制两年的杨柳青年画大专人才培训班，旨在培养一批既有传统民间技艺，同时掌握现代科学知识的复合型人才；搜集整理逾十二万字的资料、图片近千张，并拍摄成100分钟的专题片，编辑并付梓了《杨柳青木版年画集成》等。这林林总总的艰辛、务实、落地的工作，为越来越失去实用价值，日渐弭除，弥足珍贵的“活化石”——杨柳青木版年画的宣传、抢救、挖掘、收藏、传承、创作、发展，奠定、夯实了坚固的基石。

杨柳青木版年画被中外学者认为是中国民间美术的龙头。吉祥欢乐的节日气氛、丰富多彩的题材和情趣盎然的画面，使它深为百姓喜闻乐见，多少年来几乎覆盖了年节时所有的国人家庭。一提起年画，人们头脑里总会浮现出天津杨柳青的《莲年有余》、苏州桃花坞的《一团和气》山东杨家埠的《深山猛虎》以及朱仙镇和四川绵竹千姿百态的《门神》经典作品，它已成为中国一些地域乃至中华民族的文化符号。

杨柳青木版年画因其点缀年俗、祈福求祥而广传天下，其主体大多是娃娃、仕女、戏剧故事以及民间风俗。一幅年画讲述的是一个久远的故事，借以扬善疾恶，表达百姓朴素的爱憎情感和对生活美好的向往与祝愿。

对民间非物质文化遗产的保护，莫过于收藏。为抢救、搜集、挖掘散落民间木版年画的版样、画样，霍庆有先生近四十年间，付出了巨大的艰辛。他先从杨柳青四邻八乡和天津四郊五县伊始，而后跑遍国内年画产地，甚至全国各地……

有一次，一个邻居拆房，古老的山墙露出老的杨柳青木版年画，邻居素日敬佩霍庆有先生抢救年画的拼命精神，立即派自己的孩子跑步向他报告此消息。霍庆有非常感谢报信孩子一家人，与孩子飞快地跑步奔向拆房地点，恳求人家暂时停工，然后他伏在快要坍塌的土墙上，一点儿一点儿地往下揭，揭下来一张后，惊喜地发现后边还有一张，他又极耐心地揭了第二张。

揭下第二张之后，他又惊喜地发现了第三张。一百多年前的古画就这样完好无损地被抢救下来。霍庆有先生喜出望外，那时激动得欣喜若狂不能自已，真想哭。他对我坦陈到此语速骤然停止，只见他两颊绯红，急忙用右手使劲儿附着胸口，我仿佛听到他心脏兴奋地咚咚作响的脉搏律动声……

霍庆有先生泪光闪闪地对邻居说："咱杨柳青年画老祖宗显灵了，给子孙们送饭来了！"他按当时的市场行情，对主家千恩万谢地收购了这三张年画。霍庆有抢救了遗存的老年画，并丰富了他的收藏与馆藏。

霍庆有先生对"非遗作品"并非止于"抢救"，单纯保护"火种"，而是加把"火"，使其燃烧起来，向后传下去！

霍庆有先生以其三张画为基稿，以霍氏独家雕刻技艺，雕刻出三个古老的版样，其古画不仅没有"灭绝"，反而"活了"，而且发扬光大了！

他收集的版样大多都是"残篇断简"，还要把这些艺术碎片一片一片地拾起来，再小心翼翼地拼接起来，尽最大努力修复成原貌。

1999 年，霍庆有先生得知杨柳青负荆乡村有一户人家还保存着一块老版《缸鱼》的母版，他急火火地跑去询问，主家告诉他已经卖到了蓟县一带，于是他又急速奔蓟县去寻觅，没想到人家告诉他："版已经卖出去了，没问买主是哪里人，家里还有一条鱼(年画)。"霍庆有先生买下了一张年画,铩羽而归……

他始终没有放弃寻找老版的希望，每次外出总要抽出时间到旧货市场、古玩市场去转悠，随身带上那条“鱼”，依画索版，整整找了十年，最终于2006年10月，在北京一家古董店里找到了这幅《缸鱼》年画的母版。当他把“鱼”与母版严丝合缝对上时，霍庆有先生抑制不住心中的兴奋，随即花重金将其收入囊中，了却了十年的心愿。

六

“猛志逸四海，骞翮思远翥。”

2003年，霍庆有先生在全国首创私人杨柳青木版年画家庭博物馆，开全国杨柳青木版年画私人博物馆之先河，迄今2018年业已开馆15年,其展品不断丰富,质量随着其收藏面不断扩展,并逐渐向高端、顶尖级攀升。至此，该家庭博物馆，仍为全国唯一私人、高端、最能涵盖形式多样的杨柳青木版年画的家庭博物馆。

常言道：“闻道有先后，术业有专攻。”霍庆有在杨柳青木版年画的“术业”上，不能不称之为学问淹博，斲轮老手，行业翘楚。

霍庆有胸中有丘壑，并“志坚行苦”（语出唐李公佐《谢小娥传》），意为志向坚定，行能吃苦。

霍庆有三层楼的杨柳青木版年画家庭博物馆，自始至今无论参观者是集体还是个人，均全部免费。

博物馆设置合理、科学，便于业内外人士参观、学习、交流。一层楼设置霍氏木版年画创作技艺展示厅。霍庆有先生技艺高超，但不保守，这一点特别受到业内人士推崇。按其说法："杨柳青年画传统的技艺、优秀的技术、手法不是个人的，是属于杨柳青年画的，就应该业内人士取长补短。这样杨柳青木版年画才能越画越好，杨柳青年画才能长盛不衰。私人博物馆，对于如我外行之辈，则洞开眼界……

十数年来，只要霍庆有先生在家，只要有参观者，他总是不厌其烦地给人们演示如何制作、绘制杨柳青木版年画。此次采访，我享受到一次"个人参观者"的待遇，聆听了霍庆有先生的讲授，犹如上了一堂生动的、悠久灿烂的杨柳青木版年画编年史和如何切身保护非物质文化遗产的课……

博物馆二三层楼是展览厅，陈列、展示了"丹青百幅千般景"——从明末、清代、民国、解放初期的杨柳青木版年画、木版版样，皆为霍庆有先生省吃、省喝花大价淘换来的心肝宝贝。木版版样400多块，有价值的百年以上的老木版百余块，自己创作的有四十多块，其余为新版。老木版有《梁山伯与祝英台》《石头记》（22块）、《二十四孝》等不一而足。展览杨柳青木版年画百余幅。

老版珍品之一《避火图》（8 块）为古代家庭性启蒙教育作品。我国古代北方习俗，女儿出嫁时，母亲在装嫁妆的箱底放一套画稿，其名曰“手卷”。此“手卷”以“画”的形式，提示、教育女儿如何度过洞房花烛夜。《避火图》另一个功能是盖新房时，将其搁置房顶处，起驱逐邪祟作用（古代封建迷信）。

霍庆有无不自豪地给我讲述了一个展品小故事：他收藏的《祭祖图》（6 块）两面都有画，其画面显示的是“天地君亲师”，其功能一般是搁置祠堂用。依据我国首席年画权威研究专家王树村鉴定：“此木版为杨柳青木版年画之最，年代最早，体积最大（长：140 厘米、宽：72 厘米。）。”

早在 18 年前，两位韩国学者来到杨柳青“玉成号”，霍庆有先生一看到国外来的学者对杨柳青画的木版年画很感兴趣，老祖宗的老物件得到老外首肯和赞许，他从心底里高兴，就特意为他介绍、讲解《祭祖图》，最后他强调此木版据其掌握的资讯来看，为存世独版、孤本秘籍，别无二家时，韩国学者不屑地笑出了声，并说他也有一套此木版。霍庆有从未听说韩国也有此版，霍庆有从颇具民族自豪感倏然跌至无比尴尬境界，他灵机一动，问：“请问，您收藏的木版是两面雕刻的吗？”说完他把版反过来，让对方看。这回尴尬倏然转至韩国学者脸上，并伴之惊诧，笑容早已跑得无影无踪，其正色道：“这回长见识了，我收藏的是单面雕刻画版，您这套双面雕刻画版才是世界上唯一的。”

《鱼龙变化》霍庆有寻觅了十五个年头，原以为失传，他从不放过任何蛛丝马迹，却终在宫庄子邂逅。高价收藏这幅墨稿——大胖小子怀抱鲤鱼，鲤鱼嘴里吐出一条龙，四周祥云缭绕，象征多子多福。

展览厅的每一幅作品都是活的、有生命的，这些“活的”、有灵魂的作品，在向参观者倾诉自己与众不同的身世，讲述着奇葩、迥异的故事……

霍庆有先生在历经近四十年来艰苦卓绝地继承霍氏木版年画的基础上，海纳百川，成为杨柳青木版年画杰出代表性人物，愈来愈受到社会尊重，得到了应有的荣誉、职称和厚爱，获得诸多证书、聘书，荣誉称号等证书摞起来近一米高，功绩怎可埋没！下面鄙人只能从各层面精选几例，管中窥豹了。

证　书

命名霍庆有为国家级非物质文化遗产项目杨柳青木版年画的代表性传承人

中华人民共和国文化部

二〇〇七年六月

荣 誉 证 书

霍庆有先生：

鉴于您在民间文化保护、传承和创作方面成绩卓著，兹授予您民间工艺美术家称号。

联合国教科文国际民间艺术组织

第三届中华《天津》民间艺术精品博览会组委会

二〇〇六年十月

中华人民共和国第十三届运动会火炬传递
火炬手证书

霍庆有，您作为火炬手参加了中华人民共和国第十三届运动会火炬传递，特此证明。

中华人民共和国

第十三届运动会组织委员会

2017 年 8 月

聘　　书

兹聘任霍庆有先生为中国民间木版年画研究基地学术委员会委员。

中国民间木版年画研究基地学术委员会

主任：冯骥才

二〇〇七年九月十六日

聘　　书

霍庆有先生：

兹聘请您为“中国非遗艺术设计研究院”研究员。

此聘

中国非遗艺术设计研究院

院长　冯骥才（手签）

二〇一七年三月十一日

荣 誉 证 书

霍庆有同志在第四届中国民间艺术节上，被授予“中国十佳民间艺人”称号。

特发此证，以资鼓励。

中国民间艺术家协会

中国民间艺人节组委会

二〇一一年十月

荣 誉 证 书

经天津市第三届工艺美术大师评审工作领导小组批准，授予霍庆有同志天津市工艺美术大师荣誉称号。

天津市工艺美术行业协会

天津市轻工行业联合会

二〇一四年五月二十八日

获奖证书

霍庆有同志：

在中国木版年画抢救与保护工作中成绩突出，特授予特殊贡献奖。

中国民间文艺家协会

二〇一一年四月

“莫道桑榆晚，微霞尚满天。”今年66岁的霍庆有呕心沥血从事杨柳青年画、杨柳青年画版收藏近四十载，搜集杨柳青年画雕刻木版四百多块、古画百余张，不乏古版、孤版、珍品版，并举办迄今为止全国唯一的私人杨柳青家庭年画博物馆，耗费人民币高达三百多万元。霍庆有对中国杨柳青年画，对桑梓所作的壮举真可谓：“不云绝后，却是空前。”

霍庆有用生命谱写了有“活化石”美誉之称的杨柳青木版年画的新篇章，用鲜血点染了杨柳青木版年画新的姹紫嫣红的容颜，促使古朴、纯真、受亿万人民喜爱的最具杨柳青代表性的民间艺术再吐芬芳。

晨曲：王洪海，笔名“晨曲”，中国作家协会会员，作品有长篇小说《霍元甲》《霍东阁传奇》《赶大营》《探访曹雪芹》《荡寇卫南洼》，中短篇小说、散文若干，另有《正说霍元甲》《走近霍元甲》。

情牵卫南洼

晨曲

卫南洼在哪里

卫南洼在西青区，是指天津卫南面的洼地。要想说清卫南洼，就要先说清天津和“卫”的由来。

明初，燕王朱棣在北京稳坐龙庭后，决定在海河的三岔河口处设卫建城，以拱卫北京。三岔河口上游的南运河段当年是朱棣率兵南征渡河的地方，被称作“天子渡津”处，因此这座新城取名“天津”，天津城从此诞生。何以又称“天津卫”？卫是军队建制，天津城因为战略位置重要，朝廷设三个卫的兵力在此，因此，天津城才被称作“天津卫”。

有了天津卫，才有“卫南洼”的称呼。

民国初年，南市那个地方就很洼，到处是坑塘，因市场在南门的南面而被称作“南市”。著名相声大师马三立年轻时在南市撂地摊说相声，就常在坑塘边。城市逐渐扩张的同时，地势也在逐渐增高，卫南的洼地也不断向南退缩。

天津老城南门向南6里称“六里台”，向南8里称“八里台”。从明清到民国的很长一段历史时期，卫南洼的定位应该从这里开始。八里台向南，有东大洼、西大洼、跑水洼、黄花洼、大波洼、青泊洼，再向南还有团泊洼。卫南洼就是这不足方圆百里诸洼的总称。卫南洼基本上都在现在的西青区境内，只有团泊洼在静海县。

之所以把水上公园建在八里台以南，是因为那里本来就坑塘多，水面阔，距天津卫又近，最适合建一个叫作“水上公园”的公园。

卫南洼有着抗击外来侵略的光荣历史传统。

1900年，八国联军侵略天津，清军将领聂士成率部与义和团一起在八里台顽强阻击侵略者，直至战死，英魂永远留在了八里台桥头。西大洼位于城建学院以南，工业大学以北，外环线以西，地属西青区精武镇和张家窝镇。八国联军派300多人扫荡西大洼各村义和团，被义和团伏击消灭20多侵略兵。为报复，英、美、口又集结3000人的力量，向西大洼扑来，义和团与侵略军在西大洼展开了一场惊心动魄的血战，结果消灭了100多侵略兵，义和团也有很大损失。

卫南洼是著名的武术之乡，产生过爱国武术大师霍元甲和韩慕侠。霍元甲三挫前来中国嚣张的西方大力士和日本柔道队，并首创民间体育组织精武会，至今蜚声海内外。韩慕侠也曾打败过外国大力士，在天津生活期间，任过周恩来的武术教练。

抗日战争期间，共产党八路军领导的冀中军区曾派来两个武装中队到卫南洼开展工作，一个是武工队，一个是手枪队。两个武装中队在卫南洼地区进行了艰苦卓绝的对敌斗争，留下很多佳话，至今为后人传颂。

“文革”期间，著名诗人郭小川曾经在卫南洼的团泊洼生活一段时间，写下脍炙人口的诗篇《团泊洼的秋天》。从此，团泊洼与文坛结下深厚情缘，并因此永载史册。

黄须菜、龙须花

如东北黑土地的粗犷豪放、西北黄土高原的热烈火辣、江南水乡的温情柔美一样，卫南洼也有自己独特的格调，那就是——坚韧、顽强。

史书载，早在汉代，卫南洼及周边地区就曾两次遭受渤海水溢，被海水浸泡若干年。后来，海水虽退，却使这一地区的土质含存了极其浓重的盐碱。这一方水土从此成为苦水咸土，两千年来，盐碱含量极高的卫南洼严酷地考验着这里的植物和人民，同时也造就了这一带植物和人民独特的品格。

在卫南洼，盐碱滩地常年身披白色碱面，土质僵硬发死，踩在上面嘎嘎作响。种子种在这样的土里，难以发芽，即使发芽了也难以生长，顽强地生长出来，盐碱也会把根咬死。因此，树木花草和庄稼都怕盐碱滩，无法在那上面存活。然而，唯独有一种叫“黄须菜”的植物，却能在盐碱滩上独领风骚。

黄须菜无须施肥，无须呵护，不怕旱涝，不怕风雨，能顽强生存在冒着白色碱面的滩地上。黄须菜的生命力坚强到令人难以置信的程度。不论春季夏季，黄须菜都一茬又一茬地从盐碱滩上钻出来，黄嫩黄嫩的幼芽，看上去十分惹人疼怜。

最是春季青黄不接时，一群一群的幼男幼女，一手提野菜篮，一手拿镰刀，到盐碱滩上去采黄须菜。黄须虽是野菜，却是过去卫南洼人离不开的充饥之物。粮食不够吃，人们就用黄须菜和面做菜饽饽或菜团子，拌上棒子面蒸巴拉子，用黄须菜充好菜包饺子。因黄须菜是野生的，得来很容易，人们还大量采来晾干，以备冬季食用。如今，50岁以上的卫南洼人，很难找到没吃过黄须菜的人。据说，现在的理工大学新校区北门周边，有农家院餐馆还在经营黄须菜做的菜团子，用别具一格的风味和绝对环保的绿色食品招牌招徕顾客。

卫南洼人最喜欢龙须花，种得满院子满胡同都是。喜欢的原因是龙须花既好看又容易栽种。龙须花又名“死不了”，与黄须菜同属马齿苋科。龙须花花开五颜六色，娇艳美丽，十分喜人。龙须花与黄须菜一样，生命力极其强大。掐一段龙须花的花茎，随便插到哪一堆土里都能存活，很快报答你一道艳丽的风景。龙须花和黄须菜一样，旱也罢，涝也罢，风也罢，雨也罢，不论怎样打击，怎样折磨，她都不死，都会顽强地存活。因此，龙须花被人们赋予“死不了”的尊称。

这是卫南洼盐碱滩的造就。“铁杵磨针，滴水石穿”，弱者只要具备了坚韧、顽强的品格，最终总能战胜强大无比的对手，成为胜利者。黄须菜与龙须花就是实证，充分体现了卫南洼坚韧与顽强的品格。

卫南洼人也同样，在严酷的大自然面前，在凶恶的外国侵略者面前，在各种各样的生死考验面前，卫南洼人从来不低头，不屈服。因为，从他们的祖先开始，就已经与黄须菜和“死不了”花一起，在盐碱滩上练就了钢铁般的意志和坚韧无比的本领。

卫南洼三件宝

过去，卫南洼曾流传这样一首歌谣，叫“卫南洼，三件宝，薄地、丑妻、破棉袄。”这很奇怪，与常理很相悖，“薄地、丑妻、破棉袄”都不咋地，怎就称为宝了？

其因在历史，属于那个特定时期。民国初年，直系军阀吴佩孚和奉系军阀张作霖在这一带摆开了战场，闹得民不聊生，鸡犬不宁。乱世出英雄，也出狗熊，各乡土匪趁天下大乱占据一方，强抢豪夺，欺男霸女，令卫南洼人每天都处在心惊胆战、水深火热之中。在那种生存状态下，谁还敢正常地追求幸福美好？只能把“薄地、丑妻、破棉袄”视作珍宝了。如若不然，就有你好看的，不信试试，贫穷人家若娶了漂亮媳妇，日子可能就无法安宁了，豪强们会时刻想办法打你的主意。家有高处的水浇地也不行，地主豪绅大户人家会眼馋，眼馋了就要千方百计弄到手。这些都是中华人民共和国成立前的事，中华人民共和国成立后土地归公，走集体化道路，肥地薄地都无所谓。至于漂亮媳妇，中华人民共和国成立后有人民政府做主，即便是一朵鲜花插到了牛粪上，谁也不敢咋地。

第三宝“破棉袄”属于例外，在卫南洼，中华人民共和国成立前是宝，中华人民共和国成立后仍然是宝。我这个 20 世纪 50 年代出生的人，也还拿它当不少年宝贝呢。其因是，它宝就宝在不值钱，通体大补丁，黑色棉袄上有时还补上白布补丁、花布补丁，那是因找不到黑色布所采取的权宜之计。那样的破棉袄倘若存到现在，当有两个去向，一是赶紧扔进垃圾堆，二是遇上有见识的人，当真正的宝贝作为文物收藏起来。

至于如此之破的破棉袄为什么会被卫南洼人当宝贝，没干过农业活的和“70 后”的年轻人就不好理解了。卫南洼人打理庄稼活向来都是“日出而作，日落而息”的。早晨吃完饭，牵着牛扛着干活的家伙下洼，步行到几里以外或者更远的地方去劳作。中午饭就在地头吃，其实就是一个棒子面饽饽，一块老咸菜外加一壶凉水。午饭不咋地，但午饭后的那一觉却非常好，找一个向阳的斜坡，把破棉袄向土地上一铺，下面有既柔软又温暖的破棉袄做床垫，上面晒着美美的太阳，那个舒服劲就甭提多惬意了。人们在享受罢午觉后常说的一句话是：“啊，真美，给个县官也不换！”

破棉袄不光能助人在日光下酣睡，还能御寒。因为它破，在干活时就不用太在意，能无所顾忌地甩开膀子干，即便再把破棉袄弄破也不心疼，回家后再补上一块补丁就是。正因为有如此之多的优点，它才被卫南洼的劳苦大众视为三宝之一。

卫南洼的三件宝已经成为历史，当后人每每再谈起它时，总能在这一记忆中感觉到过去卫南洼人的生活状态，也能领略到前人的吃苦耐劳精神。“三件宝”已经成为精神财富向下传递。

打苇子

打苇子就是割苇子，但不是用镰，是用锉刀。锉刀是用铁板打成的，刀刃锋利，宽约一米。两根木棍支撑住锉刀，上方有一横把手。锉刀高约 1 米 2，这样的高度正好供人手握横把向前推。

卫南洼因洼地多，坑塘多，因此芦苇就多。有些村子的芦苇荡成千上万亩，比如小南河，地处跑水洼，海拔仅 2.5 米，苇地近6000亩。青泊洼、团泊洼、小孙庄、青宁侯等村庄都有很大面积的苇地。

打苇子要等到入冬后最冷时开打，一般在三九前后。还要在最冷季节中每一天的最冷时刻打，因为越是冷，靠近冰面的苇子根部才越脆，锉刀在冰上遇到苇子才能如“秋风扫落叶”一样易如反掌。因此，要在凌晨3点就吃过早饭出发，平板车上拉着锉刀、干粮、捆苇子的绳子和其他所用工具。人们全副武装，不是枪炮，而是御寒的棉衣、皮袄、皮帽、毡靴、大棉手套、护耳之类。

步行近10里，来到芦苇荡，依然是满天繁星在眨眼。人们亮出锉刀，开始在冰面上大显神威。战线拉开，你追我赶，人们推着锉刀跑，锉刀带人快如飞。是很潇洒，却并不轻松，看人们御寒的衣帽便知，一件一件地向下脱，直脱到只穿个单褂。100米，500米，大片大片的芦苇倒下，排成一条条长龙。锉刀手杀红了眼，继续大开杀戒，后面的作勾手也不示弱，把打下的苇子利落地捆成捆。很快，矗立得密密麻麻丈余高的大片大片芦苇荡不见了，后面都变成一捆一捆倒在冰上的苇子捆。

东方初露鱼肚白，再看锉刀手，一个个头发热气蒸腾，发根上出汗，发梢上却泛白，汗珠子顺脸颊向下流，却没工夫管。常听人说“白毛汗”，这回真见了，敢情白毛汗就指这。干吗这样拼命啊？不这样拼不行，因为太阳一出来，冰面上的苇子根就不那么脆，再铿就要费老劲了，这是在抢占良机。

9点钟左右，沸腾的芦苇荡开始归于平静。人们升起苇火，烤带来的饽饽或其他食物，吃得非常香甜。有人喝带来的水，也有人就凿芦苇荡的冰块吃。之后，便是把打下的苇子运回村，拖拉机、马车、平板车都上了芦苇荡的冰面，使芦苇荡又喧嚣起来。

剥洋苇是为了出口日本。洋苇是一种铁杆苇子，身量不高，长相挺直。把这样的苇子挑出来，用一种叫“穿子”的特殊工具剥去叶子和黑节，让洋苇通体洁白。据说，洋苇是日本人用来做窗帘的，挑在窗外，晴天遮阳，雨天挡雨。

苇子分等级，各派用场。有织席的，有编苇箔的，有扎把子用作盖房的，有造纸的，等等。本来是农闲的冬三月，有苇地的村庄就闲不住，更忙。

如今，卫南洼的芦苇荡有的已经成为开发区，盛产的已经不是芦苇，而是数亿元的税收。有的芦苇荡变成郊野公园，成为休闲娱乐地。

村庄、房屋

卫南洼人都知道，天津老城南门向南，有一溜8个台子，即炮台庄、六里台、七里台、八里台、武台、蔡台、王台、于台。其实，何止 8 个台子，在卫南洼的土地上，有多少个村庄，就有多少个台子，只不过余者都没以“台”命名而已。

村村有台，庄庄在台上，这是卫南洼独有的风景。究其原因，卫南洼是退海之地，地势低洼。这里又是九河下梢之地，太行山麓下来的多条河流都汇集津门，每逢雨水多的年份，南运河、子牙河就承受不住压力而决堤形成水患。洪水猛兽首先袭击的就是卫南洼，然后进入渤海。先民们知道，要筑台建屋，方可安澜。再遭洪水，就只好把庄子台儿再加高。这就形成一种景观，当洪水再来时，卫南洼成为一片海洋，在高台上的村庄都如漂浮在海洋上的小岛一样。

这就是过去的卫南洼村庄，此景观一直延续到 20 世纪 70 年代。如今都进行房改拆迁，庄子台儿也平了，再想看老庄子台儿已经寥寥无几。

过去，卫南洼的房屋基本都是泥做的，土坯垒墙，房檩苇把子做盖，上面压上胎泥，再用稻草做捻草和泥，把泥和得越熟越好，然后泥房盖和墙皮。

做这些活儿很辛苦，要费大力气。每年春季雨水来临之前，要去洼里取熟土，因为熟土黏性好，能起到保护房盖与墙皮的作用，生土性大，容易裂，有了裂纹，雨水便可乘虚而入，破坏房盖和墙皮。是用人力平板车把土往庄子台上拉，一车土拉上庄子台，人们总要气喘吁吁，汗水滴落，脑门子青筋暴跳。

这仅仅刚是第一步，上了庄子台，还要一筐一筐把土抬到院里去。熟土与捻草掺和均匀后，中间扒个坑，再去庄子台下的大坑里挑水，一挑又一挑，如走泰山十八盘，享受尽了人生磨砺。然后是和泥，泥和得越熟越好，如同烧瓷器，泥和得好才能保证瓷器烧得好，泥房的道理也一样。泥和好后就要往房盖上扔，用泥叉，一叉又一叉，把泥请上最高处。从去洼里拉熟土开始，到把熟泥请上房盖，等于把一车又一车的土从 4 米请到了 10 米的高处。经过一年的多次雨水冲刷，那些熟土又从 10 米的高处回到 4 米的原位。第二年春天，再次重复一年前的工序。如此循环往复，卫南洼人已经这样生活了千余年。

为谋生存，卫南洼人与大自然的争斗从来就没停止过。为了取得争斗的胜利，卫南洼人不惜一切代价！

不就是害怕雨水冲刷房盖造成房屋漏雨吗？难道就没有别的办法？办法是有，挂瓦即可，但是需要钱，卫南洼人没钱。后来，时兴善盖油毡，我力排众议，捷足先登，花“重金”买油毡，结束千年一贯制的泥房盖程序。再后来，红砖瓦房代替土坯房。现在，楼房又换三次了，一次比一次高档。如今，泥房用的工具泥抹子、泥叉、四齿、水筲等已经消失，有心者如果有存，那当是重要文物。有那文物，后人才能直观了解前人的生活状态，才能感知一些精神层面的东西。

鱼翻坑与蛤蟆吵坑

过去的卫南洼水多鱼也多，只要下大雨，高粱地里，老牛道的车辙里都有鱼。参加生产队劳动时，人人都有一个布做的饽饽兜子，夕阳西下收工后，人们就跳进河里去摸鱼。用嘴叼住饽饽兜子，两只手在水里摸，逮住鱼就装进饽饽兜子，时间不长，就能摸上来几斤，回家后便可吃上棒子面饽饽熬小鱼。

记得有一次，在苇地边上为生产队打草，发现一个地方的鲫鱼实在太多，成群结队，黑压压的。我看着眼馋，受欲望的支配，便约两个不错的队友，第二天没去上工，偷偷去逮鱼了。那天，我们每人逮到上百斤。过瘾是非常过瘾，只是没处处理。那个年代，是不准提着小称去卖东西的，正在割资本主义尾巴，做买卖是政治问题，到处有人抓。可是，那么多鱼自家吃不完，怎么办，就送亲朋，送不完，就只好晾鱼干，弄得满院子腥。结果，我们仨人都犯错了，遭到停工三天的惩罚。

至于“鱼翻坑”，要有个前提条件，就是缺氧。缺氧就不是一种原因造成的了，要么是坑里的鱼太多，要么是天气太闷热，这两种原因都会造成缺氧，缺氧后鱼就浮头。现在，专业养鱼的池子里都有充氧机，为防鱼浮头会及时充氧，过去都是野生鱼，人们一发现哪个坑塘里有鱼浮头了，就会大嚷大喝着“鱼翻坑了”，纷纷拿着家伙去捞鱼。

一方水土养一方人，卫南洼人在常遭水害的同时，更多的是享受水利，比如各种丰富的水资源。

“蛤蟆吵坑”也是卫南洼的一大奇特现象。有一个快板书里唱，“旱了收蚂蚱，涝了收蛤蟆，不旱不涝净收碱疙瘩”，这话放卫南洼最合适。过去的卫南洼就是这样。

在大旱年月，坑塘见底，河水断流，蛤蟆都会了无踪影，甚至半年不见，蚂蚱就多了起来。突然有一天，雷电交加，大雨倾盆，下个沟满壕平，那时候，你到夜里听罢，满洼都是蛤蟆叫。“咕呱、咕呱……”，彻夜不停。因为蛤蟆多而显得气势非常大，东洼、西洼、南洼、北洼，整个世界似乎都是蛤蟆的天下了。卫南洼有一句口头语，在形容很多人都抢着说话时，就说“这个乱呀，像蛤蟆吵坑似的”。

说蛤蟆吵坑是奇特现象就奇特在，下雨之前满洼根本看不见蛤蟆，怎么会一夜之间突然出现那么多？它们在下雨之前都藏在哪里？是躲在泥土里了吗？至今不明白。如今卫南洼到处都是楼房，坑洼已经很少。今年雨水多，寥寥无几的坑洼又出现蛤蟆吵坑的奇观。

拔麦子

1969 年的时候，卫南洼还时兴拔麦子。

麦熟时节的一个清晨，我所在的生产队开始拔麦子。是从村西张家洼子那块地开始拔，然后是门前地、项家坟，一路浴血奋战，风卷残云般扫荡过去。把拔麦子说得如此刚烈，并非做作，那天的确如此，确实像浴血奋战。

初次拔麦子，我并不晓得它的厉害。只见队长打头阵，提了提要拔干净要捆结实的要求后，向遥远的地南头张望一眼，突然一脸刚毅，啐一口唾沫在手掌上告告油，猫下腰去就狠命地拔起来。干活能手们一个个紧紧跟随，每人拔 4 个眼的麦子，人人如狼似虎。平静的麦地很快沸腾起来，成熟的麦子被连根拔掉，由于用力过猛，被拔掉的麦子总要甩过头顶。于是，令我惊讶的镜头出现了，麦根上几乎都带一个铃铛似的土疙瘩，那些土疙瘩都无情地砸在拔麦子人的头上、背上。但，没有一个人理会，麦子空中舞，土蛋蛋围人飞，热烈场面越发热烈。打头的似乎害怕后面的人超过自己，后面的人好像非要超过前者不可，形成你追我赶的紧张局面。

我是排在后面上阵的，知道这是一场硬仗，一开始就拉开弓字步，学着他们使足力气。可是，时间不长，我就觉得力不从心了，不能向那些英雄好汉那样拔得如此潇洒，如此轻描淡写。不知是力气不够还是因为我意志不够狠强，手里抓过来的麦子不能一口气拔掉，而且手掌很疼。我定睛一看，啊，原来起血泡了。我的心一哆嗦，这可如何是好，这才刚刚开始啊。

看一眼前边的表叔，表叔拔得正带劲。表叔也突然停了下来，看了看手掌。我惊问，您的手也起泡了？却见表叔嘿嘿一笑，其实脸上的肌肉并没笑，很严肃。突然，表叔把手掌放在嘴边，用牙齿把血泡咬破，用块布缠起手掌，伏下腰去又开始拔。我被震惊了，瞪大眼睛看着他。其实，表叔身子骨很单薄，可他给我的印象是，浑身上下连毛发都显得是那么刚毅、坚强。看着表叔一闪一闪的手上有红色，便知那是鲜血浸透了布。我想，这还真有些轻伤不下火线的味道，拔！跟上！于是，我屏住呼吸，咬咬牙，学着表叔的样子又拔了起来。土蛋蛋不断砸在我的头和后背上，我心里说，这就是收获，只要土蛋蛋能一直砸下去，就说明我跟上队伍了。

卫南洼的土质不光盐碱含量高，而且无沙性，下雨后是胶泥，干旱就成死硬的土疙瘩。后来，经过多年的“农业学大寨”，挑沟挖河改土治碱，逐渐改变了盐碱地的性质，加上科学种田培育新品种，粮食产量才逐年增高，亩产一直增到800斤，有的超千斤。

卫南洼人坚韧、顽强、刚毅，那是这一方水土所决定的，无法改变。如同黄须菜，“死不了”花，既有顽强的生存本领，又非常热爱生活，把最美的一面奉献给人们。